# 中国共产党西安史话

中共西安市委党史研究室 编著

西安出版社

**图书在版编目（CIP）数据**

中国共产党西安史话/中共西安市委党史研究室编，西安：西安出版社，2009.4

ISBN 978-7-80712-506-8

Ⅰ.中… Ⅱ.中… Ⅲ.中国共产党—地方组织—史料—西安市 Ⅳ.D235.411

本国版本图书馆CIP数据核字（2009）第056296号

**中国共产党西安史话**

---

**编　　著**：中共西安市委党史研究室
**出版发行**：西安出版社
**社　　址**：西安市长安北路56号
**电　　话**：（029）85253740 85234426
**邮政编码**：710061
**网　　址**：www.xacbs.com
**邮　　箱**：tushu@xacbs.com
**印　　刷**：西安新华印务有限公司
**开　　本**：880mm×1230mm 1/32
**印　　张**：7.75
**字　　数**：120千
**版　　次**：2009年4月第1版
2009年4月第1次印刷
ISBN 978-7-80712-506-8
**定　　价**：18.00元

---

▲ 本书如有缺页、误装，请寄回另换。

# 《中国共产党西安史话》编委会

主　任：靳秀珍
副主任：刘义鹏　王延年
委　员：张　帜　刘德海　龚　建

主　编：靳秀珍
副主编：张　帜　王文振
撰　稿：王文振

审　稿：中共西安市委党史研究室审稿委员会

# 前 言

西安史谓长安，古称三辅之地。西安既是闻名于世的历史文化古都，也是众所周知的红色革命之城；既有叹为观止的世界奇迹，也发生过震惊中外、转换时局的重大事件；既弥漫着周秦汉唐雄风的遗韵，又留存着许多近现代革命的遗迹。

古城西安，就像一部厚重的史书，不但记录着西安自身荣辱兴衰的轨迹，也映射着中华民族拼搏进取、自强不息的奋斗精神。其内容丰富精彩，其情节跌宕感人。且不说秦扫六合的气概，也不谈大唐盛世的辉煌，就从孙中山领导的资产阶级民主革命说起，这里曾爆发过响应武昌暴动的西安起义，组建过与北洋军阀势力英勇作战多年的陕西靖国军，经历过由共产党人推动国民军历时8个月、牵制10万军阀兵力、策应革命军北伐的坚守西安的（即“二虎”守长安）斗争，出现过大革命时期声势浩大的农民运动，发生过促成国共合作、一致抗日的西安事变，等等。诸般英雄事迹，无不彪炳青史。

特别是自1925年10月西安地方党组织建立后，中国共产党成为带领西安人民争取民主解放的领导核心。在大革命时期，中共西安地委创办革命刊物、支持坚守西安、建立群众组织、组织农民运动，为推动西安地区的大革命运动发挥了重要作用。在土地革命战争时期，中共西安地方组织走过了极其艰难的发展道路，在短短的十年间，西安市委先后7次遭到破坏，五任市委书记被捕，许多党的优秀干部惨死在国民党反动派的屠刀下。但是，用马克思列宁主义武装起来的共产党人胸怀共产主义信念，坚定不移地高举革命大旗，冒着生命危险，一次次恢复和重建党的各级组织，在极其艰难和复杂的环境中坚持斗争，为西安人民的革命事业做出了巨大贡献。在抗日战争时期，中共西安市工委认真贯彻中央和省委的指示，积极发展党员和党的基层组织，努力宣传党的抗日民族统一战线政策，领导和推动抗日救亡群众运动的发展，把西安地区的抗日救亡运动不断推向高潮。在解放战争时期，西安地方党组织积极开展隐蔽战线的斗争，为取得重要的政治、军事、社会情报，争取国民党军队和地方武装的起义，付出了巨大牺牲。同时在城市领导工人、学生、市民开展争取和平民主及反对迁校、迁厂的斗争，在农村发展武装力量，组建游击队开展武装斗争，为配合西安地区的解放发挥了重要作用。1949年5月20日，西安解放。至此，中国共产党领导的新民主主义革命在西安取得胜利。

新民主主义革命在西安地区取得胜利，使千年古城获得了新生，标志着西安人民的翻身与解放；各级人民政权的建立，实现了从几千年来的封建专制转变为人民民主政治的伟大跨越；人民的政治地位从被奴役、被剥削的对象，转变为国家的主人。

新民主主义革命在西安地区取得胜利，从根本上改变了西安社会的发展方向，从而为实现由新民主主义革命到社会主义建设的转变，为发展生产、摆脱贫穷落后、实现繁荣富强和人民安居乐业扫清了障碍，创造了必要的前提。

新民主主义革命在西安地区取得胜利，完成了鸦片战争以来西安地区无数志士仁人为之奋斗的争取民族独立、人民解放的伟大历史任务，为西安的社会进步和经济发展铺平了道路。

新民主主义革命在西安地区取得胜利，充分体现了西安党组织及其党员，在极其艰苦的条件下和极其险恶的环境中，出生入死、无私奉献、英勇顽强的革命精神。这种精神，是西安人民永久的精神财富。

在西安解放和中华人民共和国建立60周年之际，中共西安市委党史研究室和西安出版社联合推出《中国共产党西安史话》一书，该书以《中国共产党西安历史》（第一卷）的主要脉络为线索，文字精炼，图文并茂，概括描述了孙中山领导的资产阶级革命和中国共产党领导的无产阶级革命在西安这片土地上所演绎的波澜壮阔的历史画卷，不仅为广大干部群众学习和了解中国革命在西安的发展过程提供了通俗读物，也为大家解读资产阶级革命的不彻底性和无产阶级革命的长期性、艰巨性、复杂性提供了翔实生动的珍贵资料。

“欲知大道，必先明史”。在西安解放和新中国成立60周年之际，我们编辑出版《中国共产党西安史话》一书，既是为60年大庆献礼，更是为全体市民提供一份精神大餐，便于大家更好地了解西安这座城市博大厚重的发展历史，便于了解中国共产党在西安的奋斗历史，继承和发扬革命传统，坚定理想信念，推动科学发展，为建设人文西安、活力西安、和谐西安做出更大的贡献。

# 目录

# 第一回

## 慈禧太后逃亡西安
## 外侮日深民不聊生

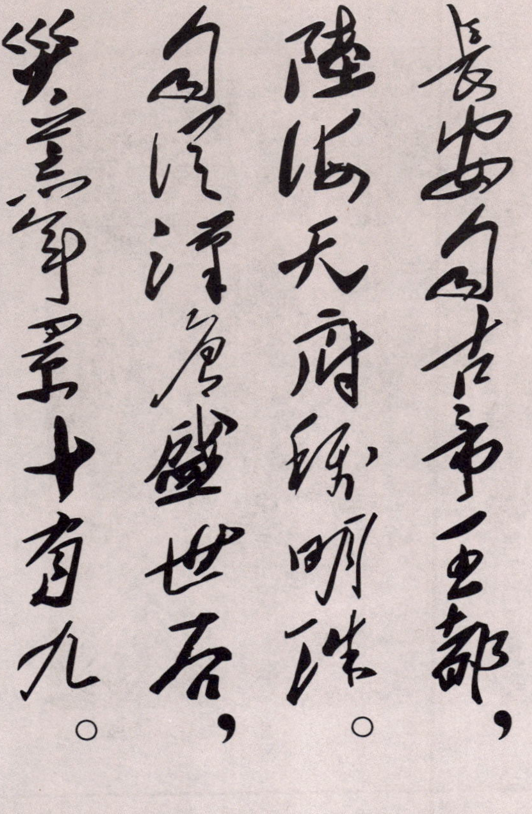

长安自古帝王都，
陆海天府称明珠。
自从汉唐盛世后，
灾荒年景十有九。

1900年（光绪二十六年）9月初，八国联军攻陷北京，慈禧太后携光绪皇帝、皇室贵族和文武大臣逃亡西安，将陕西巡抚部院（北院）作为行宫。慈禧到西安后，不思聚

慈禧太后在西安

集国财民力以抗御外侮，而是忙于“再论纵匪肇乱首祸诸臣罪”，并将刑部尚书赵舒翘定为斩监候（死缓）。所谓“纵匪肇乱首祸诸臣”，是指支持义和团抵抗八国联军的大臣。慈禧为了讨得西方列强的欢心，从北京撤兵，不惜牺牲大臣性命、出卖主权、割地赔款，丧权辱国到了极点。况且，帝国主义自从发动鸦片战争用炮舰打开中国大门的六十年来，总是不断挑起事端，以武力逼迫清王朝一次次地割让土地、赔偿巨额银两、出让国家主权，使中国的经济崩溃，人民生活在水深火热之中。

赵舒翘是陕西长安县大原村人，官至兵部尚书，且力主以义和团抵抗八国联军的侵略，是爱国主义精神的表现。抵抗外来侵略，是中华民族的优良传统，何罪之有？因此，赵舒翘被定斩监候以后，长安民众深为不平，数百人多次到军机处和行宫请愿，请求朝廷还乡党一个公道，希望挽回赵大人的性命。然而，慈禧太后为了满足侵略者的要求，使其尽快从北京撤兵，遂置广大绅民的请求于不顾，于1901年2月20日（光绪二十七年正月初二）对赵舒翘下令“赐死”，逼其在长安县大原村的老家“吞金”自杀。赵大人吞金后，太监站在房门外面不断询问：“气绝否？”急等回西安向慈禧报告。

慈禧太后

慈禧太后在逃难中也不忘搜刮民脂民膏，极尽奢侈豪华的生活。西安府为了侍奉清室两宫，专门成立了支应局，负责慈禧太后和光绪皇帝的日常生活和一切供给。慈禧太后和光绪皇帝在西安停留的一年当中，仅膳食费就花销白银六十多万两，平均每日支出白银一千六百多两。同时，慈禧太后卖官鬻爵，收受珠宝字画，大肆敛财。“道员再提升为两司，至少须交万金”。在这种腐败风气盛行之下，官员纷纷以金钱铺路求得加官晋爵，豪绅巨富也以金钱为阶梯攀龙附凤。陕西城固县的衡张寡妇和泾阳县的安吴寡妇，由于向慈禧太后进献了巨额银两，从而得到了二品夫人的桂冠。地方不法官吏乘

西安府衙门

西安府藩台衙门

机敲诈勒索，长安（西安地区）百姓苦不堪言。

西安古称长安，素有“陆海”“天府”“丝路明珠”之称，是周、秦、汉、唐等13个朝代的建都之地，也是历代朝廷粮、赋征收的重要地区之一。慈禧逃亡西安时，正值关中地区连年遭受大旱，可谓“赤地千里，颗粒无收”；“饿殍载道，哀鸿遍野”。百姓流离失所，闾阎凋敝，十室九空。朝廷调集到西安的粮食既不救济灾民，也不出售，只供皇室、官府和军队用度。因此，入冬以后，大批饥寒交迫的灾民从四面八方陆续涌入西安城内沿门乞讨，随后又成群结队地聚集到慈禧和光绪的行宫前请愿。军机大臣荣禄出面劝阻，饥民便将其团团围住，“向皇上要饭吃、要衣穿”，弄得荣禄难以脱身。慈禧太后得知行宫外面的情况后，迫不得已命令西安府：开办恤嫠局、粥厂，用以收留妇女儿童，救济灾民。

1901年8月24日，清室两宫从西安回銮北京时，把搜罗到的金银财宝、古玩玉器、文物字画等，装满了3000辆马车。随从太监、兵丁等亦恣意妄为，巧取豪夺，个个“满载而归”。大太监李莲英临走时还想再捞一把，遂向临潼知县索要“过路费”3000两白银。不料这位知县秉性耿直、廉洁清贫，根本拿不出那么多的银两。因此李莲英唆使手下兵丁，将临潼知县迎接慈禧太后的供品及供桌捣毁，真是可恶至极。

慈禧太后和光绪皇帝离开西安后，西安府将其没有带走或带不走的部分物品，在南院门开设了“亮宝楼”对外展出，一方面让人们参观、膜拜，另一方面显耀“奉驾”的功绩。封建专制统治阶级贪得无厌、骄奢淫逸的本性也由此可见一斑。

外侮日深，国力日弱，国运日衰，民怨日升。朝廷腐败无能，丧权辱国；天灾人祸接连不断，“百姓饮血茹苦，久积不能平”。一场暴风骤雨式的社会变革，正在酝酿之中。

# 第二回

## 志士忧患投身革命
## 会党联合雁塔结盟

同盟三十六弟兄，
拯国拯民求大同。
赴汤蹈火驱鞑虏，
舍生忘死闹革命。

同盟三十六弟兄，
忧国忧民求大同。
赴汤蹈火逐鞑虏，
舍生忘死闹革命。

由于帝国主义的入侵，中国由封建社会逐渐演变成为半殖民地半封建社会，中华民族与帝国主义侵略者的矛盾、人民大众与封建统治阶级的矛盾，同时成为中国社会的主要矛盾。推翻帝国主义和封建主义的统治，实现民族独立和解放，成为中国人民最为迫切而艰巨的历史任务。

继太平天国革命和义和团运动失败之后，新兴的资产阶级和维新派代表人物康有

陕西部分同盟会会员

为、梁启超、谭嗣同等人，以“救亡图存”为号召，于1898年（农历戊戌年）发动了一场颇有声势的变法维新运动，史称“戊戌变法”。其目的是试图在中国建立君主立宪制度，通过发展资本主义来挽救国家和民族的命运。但是，变法维新运动很快被以慈禧太后为代表的封建顽固势力所扼杀，谭嗣同等“戊戌六君子”抱着“有心杀贼，无力回天”的终身遗恨，血洒京城菜市口。

井勿幕

在资产阶级维新派实行变法的同时，以孙中山为代表的资产阶级革命派也开始了以推翻清朝专制统治为目标的革命斗争。

1905年8月，孙中山在日本东京发起成立中国同盟会，制定出“驱逐鞑虏、恢复中华、创立民国、平均地权”的民主革命纲领。陕西的志士仁人在“戊戌变法”失败后，便积极追随孙中山进行资产阶级革命活动，其中最早的当数井勿幕。

井勿幕，原名泉，字文渊，蒲城县人。他早年入川，结识熊克武等革命志士。1903年留学日本，结识孙中山，成为中国同盟会第一批会员，并出任中国同盟会陕西支部长。此后，陕西留日学生张凤翙、彭世安、张铣、宋元恺等三十多人，在留学期间先后加入同盟会，追随孙中山从事革命活动。

1905年冬，井勿幕奉孙中山之命，与张铣等人回国，在西安进行革命宣传和发展组织工作。王子端、邹子良、李异材、王授金、马开臣等一批知识分子在井勿幕的宣传动员下，相继加入同盟会，为在陕西发展同盟会组织、开展革命活动奠定了基础。

此后，陕西三原县人于右任，于1906年9月在日本东京加入同盟会。于右任，字伯循，清光绪年间举人，义和团运动失败后，革命激情日益高昂，著有《半哭半笑楼诗草》，诋毁时政，遭朝廷密旨拿办。他脱险后赴沪，加入光复会，任《神州日报》主笔，因鼓吹革命学说，报馆被封禁。宣统元年，创办《民呼报》，因攻击官场被驱逐出境，东赴日本。加入同盟会后，被孙中山委任为长江大都督，主管江浙一带的同盟会及其活动。不久，被推选为晋、豫、秦、陇四省留日学生协会会长，创办《秦陇》《夏声》《关陇》等杂志，向山西、河南、陕西、甘肃等地青年进行革命宣传。

于右任与井勿幕

1908年3月，中国同盟会陕西分会在西安成立，李异材被推选为会长。同时决定，联络新军、哥老会、刀客等各方面力量，共同反清。随后，西安新军（全称为陕西新建

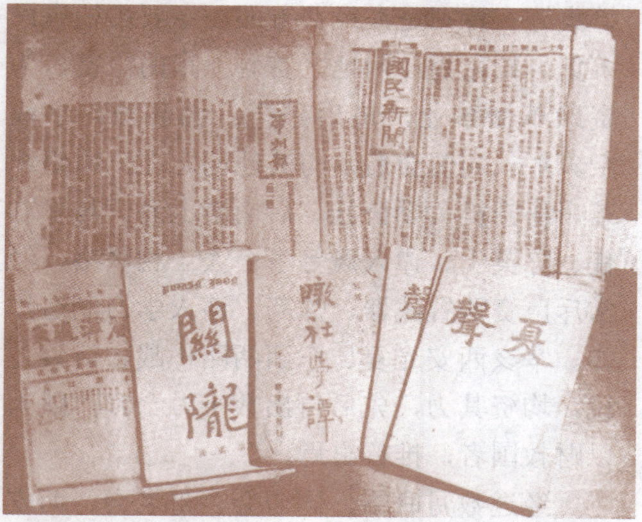


《夏声》《关陇》

陆军）中的同盟会员钱鼎、张钫、张聚庭、彭世安等人根据同盟会的决定，努力联络新军中的哥老会头目张云山、万炳南等人，积极扩大革命力量。

1910年初，井勿幕揣着中国同盟会总理孙中山的密令回陕，召集宋元恺、邹子良、郭希仁等十多名同盟会陕西分会的骨干分子，在泾阳县柏惠民家花园进行传达和筹划。孙中山的密令认为：东南起义屡遭失败，原因不是谋划不周，而是交通便利，事机容易泄露；现在改变方针，要从西北着手发动起义。会议根据孙中山的指示，草拟了起义行动计划、联络办法、接头暗语、经费筹集等。特别是在经费方面，主要由柏惠民筹集。柏家为泾阳地区首屈一指的巨富，为资助革命事业，最后破产。柏惠民，字筱余。加入同盟会后，与其他同志在三原组织革命秘密机关勤公社。后南游上海，与于右任、陈英士、谭人凤等革命人士相联络，经常斥巨资购置武器、炸药，请人学习制造炸弹。辛亥西安光复、东西两路作战、讨袁之役，均资其力，先后付出数十万金。“陕人以财救国者，推首出焉。”

经过数月联络，同盟会、哥老会、西安新军等各方面代表人物井勿幕、钱鼎、张钫、张聚庭、胡景翼、张云山、万炳南、马玉贵等三十余人，号称同盟三十六弟兄，于农历六月初三，在西安大雁塔秘密聚会，摆设蜡烛香案、焚香歃血为盟：誓为推翻清朝统治共同奋斗，矢志不渝。同时成立“三合会”，作为革命斗争的统一领导机构，从而为在西安发动反清斗争奠定了组织基础。

# 第三回

## 新军起义克复满城
## 豪杰奋起光复关中

世道如此真黑暗，
百姓缺吃又少穿。
不用播来不用算，
宣统不过两年半。

世道如今真黑暗，
百姓缺吃又少穿。
不用掐来不用算，
宣统不过两年半。

辛亥革命中,革命军占领武昌城后,军政府挂起象征18省团结一致的18星军旗

1911年（农历辛亥年）夏，四川、广东、湖南、湖北等地掀起声势浩大的反对清政府出卖铁路主权的保路运动，同盟会认为革命时机成熟，决定全面发动起义。西安同盟会也加紧了起义的准备工作，新军中传出“八月十五杀鞑子”的说法，街头也流传着“不用掐、不用算，宣统不过两年半”的童谣。清政府官员对此十分惊恐，开始加强各项防御工作，并将新军和地方武装进行换防，企图削弱西安的革命力量。

10月10日，武昌起义打响了辛亥革命的第一枪。10月17日，在得到确信后，钱鼎、张钫、张云山、万炳南等同盟会和哥老会的领导人在小雁塔举行秘密会议，决定于10月

29日（星期日）发动新军起义。

张凤翙

当时新军驻地在西郊大营盘，军营里只有训练用的枪炮，而子弹、炮弹全都存放在城内的军装局里，平时无法得到，只有星期日新军官兵才能自由进入城内。因此，决定星期日起义，是为新军进入城内夺取武器弹药创造便利条件。

10月21日，新军第二标（相当于团）突然接到开拔宝鸡、岐山的命令。第二标一营管带（营长）张凤翙和第一标第一营队官（连长）钱鼎、炮兵营队官党自新，排长张钫、张仲仁等紧急商议，决定提前于10月22日起义。

22日（农历九月初一，星期日）早上，新军中的同盟会和哥老会头目张凤翙、钱鼎、张钫、张云山、万炳南、党自新、张仲仁、张聚庭、朱叙五、刘伯明等三十余人齐聚西郊林家坟举行紧急会议，共同推举张凤翙为起义首领和总指挥、钱鼎为副首领。

张凤翙，字翔初，原籍河南沁阳，生于西安。陕西陆军武备学堂毕业后，留学日本学习军事并加入同盟会，回国后历任新军督练公所委员、参军、营长。钱鼎，字定三，陕西白河人，保定陆军学堂毕业，充任新军一标一营队官。

首领推定后，总指挥张凤翙决定：张聚

庭带领数十人暗藏枪支入城，控制城内各要地；党自新、张钫、朱叙五带领数十人从南门入城，夺取军装局；钱鼎、张仲仁带人从西门入城，占领陆军中学堂；张凤翙、刘伯明率部经西门入城，增援军装局；以“午炮”为号，统一行动。会后立即分头准备。

中午12时前，举行起义的各路人马陆续入城，进入指定位置。12时，“午炮”一响，犹如一声令下，各路立即行动。由于是星期天，各处防卫松懈，兵力稀少，军装局、陆军中学堂、藩台衙门、总督衙门、知府衙门等要地和钟楼、鼓楼等制高点均被起义军迅速占领。清朝政府官员闻风而逃，有的跑出城外，有的藏于商民家中。家居“满城”的前任陕甘总督升

张凤翙与梁国璋等人合影（前排右起第四人为张凤翙）

允，在北郊草滩别墅得到新军起义的消息后，连夜渡过渭河，逃往甘肃平凉，后又转赴兰州，成为起义军的一大后患。

起义军顺利占领了除“满城”以外的整个西安城，张凤翙率人马进驻军装局，设立指挥部，决定攻打“满城”。

满城，原为明代秦王府址。清军占领西安后，将其扩建、改建，作为八旗子弟兵及其家眷的驻地，内设八旗校场。其南城墙和西城墙，从钟楼分别向东、向北延伸，与东城墙、北城墙连接，形成西安的一个内城。西面有新城门、西华门，南面有端履门、栅栏门（在大差市）。新军起义当日，清军将军文瑞在省咨议局开会，得到消息后他立即赶回满城，下令紧闭城门固守。起义军前往攻打满城时，各个城门已经关闭得严严实实，城上清军的枪弹如雨，攻打多时无功而返。起义军首领随即召开会议，决定调整兵力，第二天继续攻打。

23日拂晓，钱鼎、张云山、万炳南率部攻打新城门、西华门，张凤翙指挥攻打端履门、栅栏门；炮兵分别在北门城楼和东门城楼上予以配合，向满城发起猛攻。清军殊死抵抗，出动骑兵分别从东城墙、北城墙上向东门城楼和北门城楼进行反扑，战斗异常激烈，直到下午3时，战事依然毫无进展。这时，起义军发现南面的一段城墙与众不同，经侦察确认是里面房屋的墙壁。于是集中火力掩护，令士兵将墙壁挖开，马玉贵率部冒着枪林弹雨冲入城内。与此同时，起义军攻克新城门，炮兵亦击中了清军的弹药库，枪炮声、爆炸声响成一片，清军和家眷乱作一团。由于天色已晚，张凤翙下令各部严守阵地，原地待命。24日晨，起义军进入满城搜索，发现清将军文瑞已经投井身亡，遂将俘获的清兵及其家眷一万余人集中起来，于26日遣送出西安城，令其自谋生路。

克复满城，标志着推翻清王朝在陕西的统治，西安光复。张凤翙、钱鼎、张云山、万炳南、郭希仁、张钫等举行会议，根据武昌“浙鄂豫复汉军政府”的名称，将起义军命名为“秦陇复汉军”，制作了一枚木质“秦陇复汉军总司令部图记”的印章。同时，成立秦陇复汉军政府，张凤翙任大统领，钱鼎、万炳南任副大统领。

在起义军攻打满城的同时，郭希仁已经拟就《安民告示》，以秦陇复汉军大统领张凤翙的名义发布、张贴。其文曰：“各省起义，驱逐满人，上应天命，下顺人心。宗旨正大，第一保民，第二保商，第三保外人。

汉回人等，一视同仁。特此晓谕，其各放心”。

西安新军起义成功，关中各县闻风而动。同盟会员曹印侯在临潼，杨茹林在蓝田，胡景翼在耀州，岳维峻、郭坚、耿直在蒲城；哥老会头目黄青云在长安，刘松山、牛春山在商州，皆聚集豪杰，同时并起。“一时泉涌风发，如铜山西崩，洛钟东应”。关中四十余县，数日之间，莫不义旗高举。辛亥革命之年，是清宣统三年，宣统皇帝登基实际还不足两年半。

关中光复之后，原陕甘总督升允从甘肃

1922年，陕西陆军暂编第一师出兵河南参加第一次反奉战争。
图为师长胡景翼（左五）和旅长史可轩（左一）、邓宝珊（左二）等在三原。

陕西靖国军总司令于右任

起兵，攻占岐山、长武一带；赵倜率毅军从河南攻打潼关。秦陇复汉军东拼西杀，奋力抵挡，激战数月，付出了巨大的牺牲。

1912年3月，北洋军阀首领袁世凯窃取中华民国临时大总统，南北停战议和，张凤翙被北洋政府任命为陕西军务督办兼民政长。张凤翙被调入北京后，陆建章、陈树藩、刘镇华等相继接任陕西督军和省长职位，并先后投靠北洋军阀袁世凯、段祺瑞等，残酷镇压人民革命。革命党人高峻、郭坚、耿直、胡景翼等积极追随孙中山，在关中先后组织护国军和靖国军，并相继发动护国、护法战争，讨伐北洋军阀。

陕西靖国军第一路军司令郭坚（方刚）

1918年7月，于右任受陕西靖国军将领的邀请和孙中山的派遣，从上海回到三原，重组陕西靖国军并出任总司令，领导“护法讨段”战争，北洋政府遂派八省联军入陕镇压。1921年冬，靖国军主力被陕西督军冯玉祥强行改编为陕西陆军暂编第一师，胡景翼任师长。不愿接受改编的杨虎城部，因力量薄弱，在关中难以立足，遂于当年5月开赴陕北休整，陕西靖国军宣告结束。

护法战争时的耿直（端人）烈士

从辛亥革命的西安起义到靖国军的失败，反帝反封建的民主革命斗争在西安经历了一个由高潮到低潮的过程。这一过程，一方面显示了西安人民勇敢的革命精神和顽强斗志，另一方面也暴露了资产阶级革命的致命弱点。陕西靖国军的失败不是偶然的，这是资产阶级的动摇性、妥协性和反革命势力的凶恶本质所决定的。因此，辛亥革命以来的一条基本经验就是，在中国要推翻帝国主义和封建主义的统治，就必须走俄国十月革命的道路，必须进行一场由无产阶级领导的以工农大众为主体的人民革命。

# 第四回

## 巴黎和会外交失败
## 五四运动为国抗争

北洋政府太腐败，巴黎和会受欺凌。

北京学生为我挽，走上街头求抗争。

五四运动风潮涌，全国青年齐响应。

三秦学子有血性，京城许言传美名。

北洋政府太无能，
巴黎和会受欺凌。
北京学生多义愤，
走上街头来抗争。
五四运动风潮涌，
全国青年齐响应。
三秦学子有血性，
京城诤言传美名。

五四运动

1919年1月，第一次世界大战的战胜国在巴黎召开和平会议，中国作为战胜国也派代表参加了会议。这次会议实际上是由帝国主义列强操纵的一次重新瓜分世界的会议。4月30日，会议不顾中国代表的反对，把战前德国在山东的利益完全让给日本。而北洋政府屈服于帝国主义列强的压力，竟准备在这个丧权辱国的和约上签字。巴黎和会外交失败的消息传来，立即在全国民众中引起巨大的反响，特别是在知识分子和青年学生中激起强烈愤慨。

5月4日，北京大学等十几所学校的学生三千多人，不顾警察的阻拦在天安门前集会，提出“外争国权，内除国贼”“取消二十一条”“还我青岛”等口号，强烈要求政府拒绝在和约上签字，并惩办曹汝霖、章宗祥、陆宗舆三个亲日派官僚。随之，学生前往日本驻华使馆抗议。在遭到使馆区巡捕的阻挡后，游行队伍转赴赵家楼胡同，部分学生冲进曹汝霖住宅，没有见到曹汝霖，却遇到了章宗祥。愤怒的学生将章宗祥痛打一顿，并放火烧了曹宅。北洋政府紧急出动军警镇压，逮捕了32名学生。消息传到各地，在全国范围内立即掀起一场波澜壮阔的反帝反封建的爱国运动。这就是标志着中国新民主主义革命开端的五四运动。

五四运动中，在北京求学的陕籍青年学生刘天章、李子洲、杨明轩、刘含初、呼延震东、郝梦九、张耀斗等人也站在北京学生游行请愿的行列，参加了痛打章宗祥、火烧曹宅的斗争，其中一些人还遭到军警的逮捕和关押，他们的爱国行动极大地鼓舞和鞭策着西安的广大学生。

北京学生游行队伍经过天安门广场

5月7日，西安师范、西安政法专科、省立西安一中、西安女

屈 武

子师范等学校的学生代表在一中召开联席会议，决定实行总罢课、成立讲演团，宣传抵制日货、组织示威游行，声援北京学生，通电北京：“力争青岛，营救被捕学生”。5月9日，各校学生上街游行时遭到陕西督军陈树藩的部队阻拦和压制。于是学生们每天轮流上街演讲、散发传单，有的还将家里正在使用的“日货”拿到街上当众焚毁。5月30日，学生们冲破当局阻挠，举行了声势浩大的示威游行。

与此同时，陕西学生联合会于5月下旬在西安宣告成立，西安成德中学学生屈武当选为会长，西安三中学生邹均当选为评议长。陕西学联又推选屈武和三中学生李耀南为代表，赴北京参加请愿活动。

6月27日上午，各地学生代表与北京学生两万多人聚集在西华门外，强烈要求面见总统徐世昌。人越来越多，把西长安街堵得水泄不通。北洋政府派警察总监吴炳湘出面劝解。吴总监要求学生留下请愿书返回学校读书，等候政府答复。学生表示：总统不出面答复，誓死不回学校，并坚持等候在西华门外。过往行人、拉洋车的工人等也自愿加入学生的请愿队伍，市民群众为学生送来烧饼、茶水。人越聚越多，直到深夜，总统徐世昌才被迫答应第二天接见学生代表。

6月28日，陕西学生代表屈武作为全国十名学生代表之一，与其余代表一起进入中南海怀仁堂当面向总统徐世昌请愿。代表们相继提出各项爱国要求，徐世昌总是拿“学生应该好好读书，国家的事应由政府办理”的话来应付搪塞。屈武忍无可忍，气愤地站起来说：今天丢青岛，明天可能丢山东，后天可能丢华北，这样下去国家就要灭亡了；如果政府还不答应我们的要求，我们就只好以死来抗争！说着便以头撞地，顿时血流如注。总统府的文武侍从急忙搀扶并进行包扎救治，随即送往医院。消息传出，等候在西华门外的全国各地请愿学生代表和北京学生更加激愤，一齐向中南海冲击，且与军警发生了冲突。在这种情况下，徐世昌被迫召开

五四运动的请愿场景

内阁紧急会议，决定答应学生的要求，立即电令参加巴黎和会的中国代表拒绝在和约上签字，免除曹汝霖、章宗祥、陆宗舆三个亲日派官僚的一切职务，释放全部被捕学生。请愿取得胜利，学生欢欣鼓舞。屈武“血溅总统府”的事迹，被北京各大报纸广为传扬，在全国引起强烈反响。

五四爱国运动，从5月初开始，一直持续到6月底，广大工人群众也加入到学生运动的行列。因此，五四运动不仅是一场反帝反封建的爱国运动，而且也是马克思主义广泛深入传播的运动，是马克思主义与工人运动相结合的开端，从而为中国共产党的诞生准备了思想和干部方面的条件。

# 第五回

## 马列主义传播西安

## 党团组织相继建立

天上北斗黑夜现，
马列主义指航程。
西安有了党组织，
革命路上方向明。

天上北斗黑夜灯，
马列主义指航程。
西安有了党组织，
革命路上方向明。

西安师范学校

五四运动后，中国新文化运动发展成为以宣传马克思主义为主流的思想解放运动。在各种新思潮的大辩论中，一部分觉悟了的知识分子接受了马克思主义，找到了认识中国、改造中国的强大思想武器——马克思列宁主义。这是新文化运动的一个最重要的历史成果。

马克思列宁主义在西安的传播，与进步知识分子在西安创办报纸和在京、津、沪等地求学的陕西青年学生有着密不可分的关系。在北京读书的刘天章、李子洲、魏野畴、杨明轩等，在天津读书的屈武、武止戈等，在上海读书的雷晋笙、严信民等，他们在五四运动之后，积极参加马克思学说研究会等组织，追随陈独秀、李大钊学习、宣传马克思列宁主义，有的人还参加了社会主义青年团、中国共产党组织的筹建工作，并率先加入共产党和青年团。他们把《新青年》《向导》等杂志报刊和他们在北京、天津、上海创办的《共进》《贡献》《秦钟》等刊物邮寄给西安及其周边地区的同学、同乡，或在寒、暑假期回乡探亲之时，捎回进步书报杂志，与同窗、同乡学习讨论、促膝交谈，介绍五四运动情况、国际国内形势、京津沪动态、社会思想潮流、学术理论等等，向家乡的青年知识分子宣传马列主义的基本思想和理论。

与此同时，由《长安日报》改版的《西北日报》和由进步人士田瑞轩在西安创办的《鼓昕日报》，从1919年9月到1921年4月，分别连续刊登了《马克思之价值说、剩余价

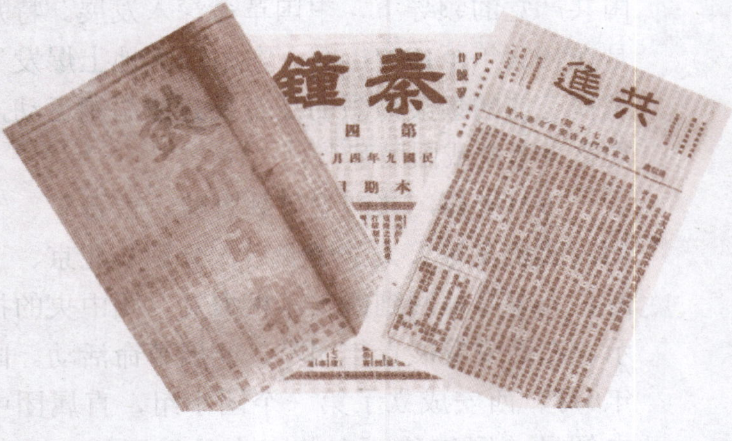


《鼓昕日报》《秦钟》和《共进》

值说及批判》《理想的社会主义与科学的社会主义》《布尔什维克主义论》《俄国工会之实力》《各国妇女参政运动》等数十篇介绍、宣传马列主义的文章、评论等。特别是《布尔什维克主义论》这篇文章，不仅赞颂俄国十月革命，而且还介绍了马克思的国家学说，批判了无政府主义和非国家主义思潮，指出布尔什维克主义是不可抗拒的历史潮流。思想敏锐、求知欲强烈、具有忧患意识的青年学生，耳濡目染，逐渐接受了马列主义的学说，并在学习和辩论中加以传播。从而，为党、团组织在西安的建立奠定了思想和干部基础。

1921年7月，中国共产党的成立成为中国革命历史上划时代的里程碑，使灾难深重的中国人民有了可以信赖的组织者和领导者。在中国共产党的领导下，中国革命深入发展。特别是在1924年至1927年间，在中国大地上爆发了规模空前的轰轰烈烈的反帝反封建军阀运动，史称大革命或国民革命。

1924年初，共产党员魏野畴、雷晋笙、邹均、武止戈等人大学毕业后，分别从北京、上海、天津等地回到西安，根据党、团中央的指示，在西安发展青年团员，开展革命活动。同年6月，西安成立了第一个团小组，直属团中央领导。同年秋，在共产党员雷晋笙、魏野畴、邹均等人的努力下，分别建立了中国社会主义青年团西安第一支部和西安第二支部。1925年10月，两个团组织经过合并、整顿，成立了共青团西安特别支部。11月初，又成立了共青团西安地方执行委员会。共青团西安组织的建立，标志着一支新的革命力量登上了西安的政治舞台。在中国共产党西安地方组织建立之前，团组织积极领导群众特别是青年学生开展革命运动，为西安地方党组织的建立奠定了思想和组织基础。

1925年10月，在安存真领导下，西安第一个党组织——中国共产党西安特别支部成立，党员5人；1926年1月，中共西安地方执行委员会成立。从此，西安党组织成为西安人民争取民主解放斗争的领导核心。



**西安党组织创始人简介：**

**安存真**（1896—1927）又名安体诚、安存斋，河北丰润人。1922年加入中国共产党，1925年9月以中共北方区委特派员身份到西安做军事工作，并负责整顿西安团组织和建立西安党组织。10月，领导建立了中共西安特别支部，任书记。1927年5月在上海被国民党反动派杀害。

安存真

**吴化之**（1902—1990）又名吴华梓，湖北汉川人。1923年5月加入中国共产党，1925年9月受团中央及中共豫陕区委的委托，来陕整顿团组织并筹建西安党组织。1925年12月接任中共西安特别支部书记。

魏野畴

**魏野畴**（1898—1928）原名魏凤标，号明轩，陕西兴平人。1923年初加入中国共产党。1925年先后任中共西安特别支部和西安地委委员。1927年2月任中共陕甘区委委员。1928年4月在领导皖北暴动中牺牲。

雷晋笙

**雷晋笙**（1898—1931）又名雷凤仪、凤翼，化名李克平，陕西长安(今西安市未央区）三桥镇人。1920年秋加入社会主义青年团，1921年7月转入中国共产党。1924年8月从上海震旦大学毕业后回西安参与组建党团西安特别支部、地委工作，并任党团地委委员。1931年4月在济南被国民党反动派杀害。

黄平万

**黄平万**（1893—？）又名王用时、王履祥、王良翰，四川西充人。1922年在法国经周恩来、王若飞介绍加入中国共产党，1925年11月受中共豫陕区委派遣来西安发展党的组织，领导建立中共西安地委，任书记。1927年4月，出席中共五大；5月，被中共中央任命为中共陕西省委宣传部长。1928年以后，相继在四川西充中学、成都大学任教。1939年以后在兰州经商。1949年至1953年在兰州女子师范学校任教，卒年不详。

## 附一：西安地方党组织概况

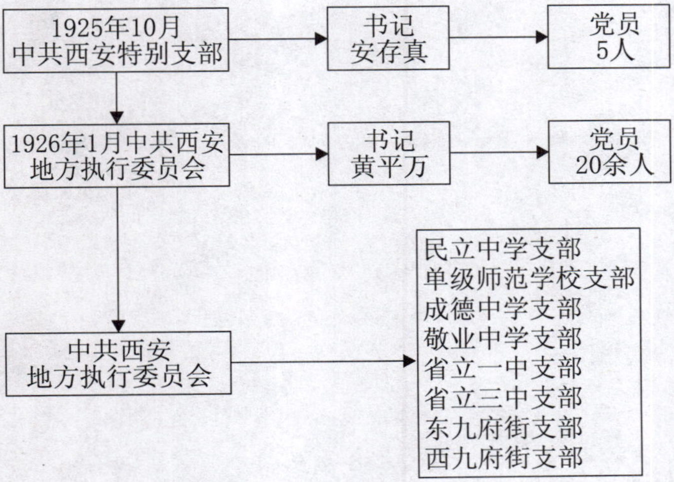

## 附二：各区县党组织成立时间表及负责人

| | 机构名称 | 成立时间 | 书记（小组长） |
|---|---|---|---|
| 长安 | 中共长安支部 | 1926年12月 | 陈嘉惠 |
| 户县 | 中共户县西焦将村党小组 | 1926年12月 | 薛卓茂 |
| 高陵 | 中共高陵支部 | 1927年2月 | 白文范 |
| 蓝田 | 中共蓝田特别支部 | 1927年4月 | 侯德普 |
| 周至 | 中共周至支部 | 1927年4月 | 王雪亭 |
| 临潼 | 中共临潼支部 | 1927年4月 | 景　云 |

# 第六回

## 古城吹响战斗号角
## 三秦掀起国民革命

聯俄聯共扶農工，
三大政策要實成。
國共攜手討軍閥，
國民革命浪潮湧。

联俄联共扶农工，
三大政策受赞成。
国共携手除军阀，
国民革命浪潮涌。

孙中山

1924年1月，国民党全国第一次代表大会在广州召开。大会确立了孙中山提出的以反帝反封建为宗旨的“联俄、联共、扶助农工”三大政策，标志着国民党改组的完成和第一次国共合作的建立，拉开了国民革命的序幕。

在西安地区，反对北洋军阀的斗争从未停止。1922年6月，陕西督军冯玉祥率部出陕参加直奉战争后，省长刘镇华兼任督军，独揽陕西军政大权。



**刘镇华**（1883—1952）字雪亚，河南巩县人，保定法政专门学堂毕业。曾率豫西武装参加秦陇复汉军。民国成立后，任豫西观察使，统领豫西地方部队镇嵩军。1918年率部入陕镇压

上海军民起义，南京路上悬五色旗

靖国军，并出任陕西省长。他在政治上投机钻营，镇压革命；在军事上扩充实力，占据地盘；在经济上横征暴敛，残酷剥削，由一个同盟会员完全蜕变为反动政客和封建军阀。他在陕西的黑暗统治，早就引起了三秦人民的强烈不满，反对军阀刘镇华的斗争此伏彼起。

刘镇华

1924年11月，“驱刘”斗争再次掀起高潮。在知名人士赴京请愿、党团组织发动学生游行示威、进步报刊制造舆论声讨的同时，国民党革命人士彭世安、李子逸等游说驻陕国民军，发动了“驱刘”战争。1925年初，刘镇华率部赴豫西与国民军作战，遭到惨败之后逃往山西，被迫辞去陕西省长和督军职务。



刘镇华率部东出潼关后，委托陕南镇守使、驻防汉中的直系军队师长吴新田代理自己的职务，吴遂率卫队进驻西安。5月4日，西安一中学生课外活动时，误将足球踢出墙外，落入吴新田部兵营。吴部士兵蛮横成性，将前来拣拾足球的几名学生打成重伤，从而引发了一场大规模的“驱吴运动”。5月下旬，在西安学生和各界人士的强烈请求下，国民军副司令、第三军军长孙岳，在

胡景翼

第二军李虎臣部的配合下，率部从河南进军陕西，占领西安，吴新田率部仓皇逃回汉中。

在驱刘驱吴战争之前，冯玉祥、胡景翼、孙岳联合发动北京政变，囚禁贿选总统曹锟，驱逐清废帝溥仪出紫禁城成立国民军，电请孙中山北上共商国是。孙中山北上之前，在广州发表了《北上宣言》，主张召开国民会议。而北京政府临时执政段祺瑞主张召开善后会议，用以抵制国民会议。魏野畴、屈武、王授金等人根据中共中央指示精神，发动各社会团体，于1925年1月在西安成立了陕西国民会议促成会，拟订章程，发表宣言；致电孙中山和全国民众，拥护孙中山召开国民会议的主张，揭露段祺瑞善后会议的阴谋，推动了西安地区国民会议促成会运动的发展。2月17日，在党团员的带动下，西安妇女国民会议促成会成立。随之，各群众团体的国民会议促成大会连续不断地举行，将西安地区的国民会议促成会运动推向高潮。

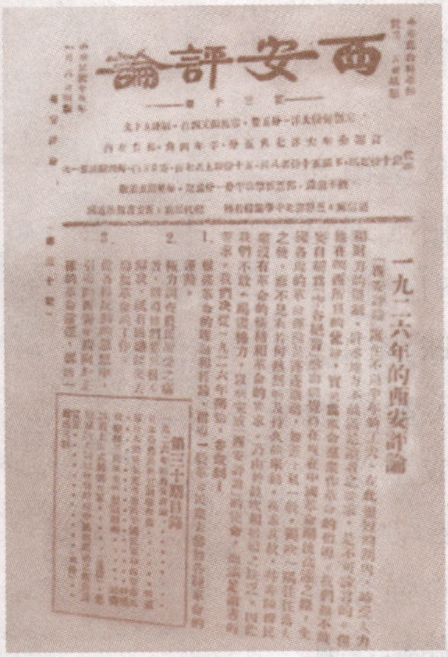
西安評論

一九二六年的西安評論

《西安评论》

1925年5月，在中国最大的工业城市上海，爆发了震惊中外的

"五卅"运动，这是大革命高潮到来的标志。消息传到西安，雷晋笙、魏野畴、刘含初、吕佑乾等共产党员立即发动民众声援上海工人，为死伤工友募捐。西安反对帝国主义残杀同胞委员会、西安工人反对英日帝国主义屠杀同胞雪耻会、陕西各界雪耻会、西安学生雪耻会、西安女子外交后援会等随之纷纷成立，并发表宣言、通电，强烈要求政府"惩办凶手""赔偿损失""收回租界""与英、日绝交""取消一切不平等条约"等。学生罢课、工人罢工、商民罢市，各界群众走上街头游行示威，各种反帝活动持续数月之久。

杨明轩

同年8月，魏野畴在西安创办《西安评论》，为国民革命制造舆论。高克林、任致远、关中哲等担任编辑和发行，魏野畴、刘含初、杨明轩、张秉仁、王尚德、张金印等人担任撰稿。他们以宣传国民革命的理论、政策为宗旨，对革命的性质、对象、目标、主力军、领导力量等问题都进行了简明扼要的阐述，积极动员广大民众投身反帝反封建的革命运动。由于《西安评论》为推动西安地区国民革命运动的发展发挥了重大作用，因而被人们誉为"古城号角"。

赵葆华

为了贯彻党的三大精神，帮助国民党在西安建立、扩大组织，推动国共联合战线的建立和发展，刘含初、杨明轩、赵葆华、王授金等人，于1925年8月18日，在西安成立了国民党陕西党员俱乐部，联络国民党员，宣传国民革命。9月上旬，在于右任的关照下，国民党陕西省临时党部筹备处在西安东柳巷4号成立。9月26日，国民党陕西省临时党部在西安三中礼堂召开成立大会。大会讨论通过了临时省党部组织大纲，推选杨明轩、刘含初、张秉仁、赵葆华、张含辉、王授金、宋树藩、焦易堂等9人为执行委员，推选魏野畴、师守命、王圣域三人为陕西代表，出席国民党第二次全国代表大会。

“驱刘”“驱吴”、国民会议促成会等运动的开展，《西安评论》的创办，国民党陕西省临时党部的建立，有力地促进了西安地区国民革命运动的发展，为迎接工农运动高潮的到来做好了充分的准备。

# 第七回

## 十万嵩军长驱入陕
## 军民协力坚守西安

十万嵩军突入陕，
长安城外起烽烟。
共产党人志高洁，
撼动二虎守长安。

十万嵩军突入陕，
长安城外起烽烟。
共产党人志高远，
推动“二虎”守长安。

国民军在西安

1926年1月，正当西安党组织领导各界群众轰轰烈烈开展国民革命运动之际，反奉战争失败，岳维峻（胡景翼病逝后接任军长）率领国民二军十万人马从开封撤退陕西，在豫西遭到镇嵩军的伏击，全军覆没。陕西督军、国民二军第十师师长李虎臣虎口脱险，只身回到西安。曾经统治陕西长达八年的刘镇华在北洋军阀的资助下东山再起，卷土重来。他以陕甘剿匪总司令的名义，借陕西兵力空虚之机，率领镇嵩军号称10万人马长驱入陕，于4月中旬兵临西安城下。在中共西安地委的推动下，国民军将领李虎臣和杨虎城（人称二虎）等部坚守西安八个月，牵制了北方的军阀军队，有力地配合了南方革命军的北伐。

国民军是中国北方比较接近民众的一支军队。在中共北方区委李大钊的推动下，国民军积极争取苏联政府和中国共产党的帮助，决意参加国民革命，曾经占领北京、天津、直隶、河北、河南、陕西等地，并于1925年11月发动了反奉战争。但在帝国主义的干预和支持下，直、奉军阀改变了一贯敌对的立场，转而组成直奉联军进攻国民军，使国民一、三军败退南口一隅；国民二军损失惨重，败退西安城中。

李虎臣

**李虎臣**（1890—1954）名云龙，字虎臣，陕西临潼人。先为“刀客”，后参加陕西靖国军，在胡景翼部任团长。北京政变后，任国民军第二军第十师师长。1925年11月，任陕西督军。1926年4月，在镇嵩军围困西安时，率余部与杨虎城等部坚守西安，并任陕军总司令兼第一师师长。

杨虎城

**杨虎城**（1893—1949）名彪（zhong），字虎城，陕西蒲城人。曾为“刀客”，后参加护国军、靖国军。率部驻陕北期间，与共产党员魏野畴结识，从而在思想上追求进步。1925年率部南下关中，加入国民军，任第三军第三师师长。在镇嵩军兵临城下之际，在共产党员魏野畴的推动下，率部进入西安城，与李虎臣等部共同坚守西安，并任陕军副司令兼第三师师长，为取得坚守西安的胜利发挥了重要作用。

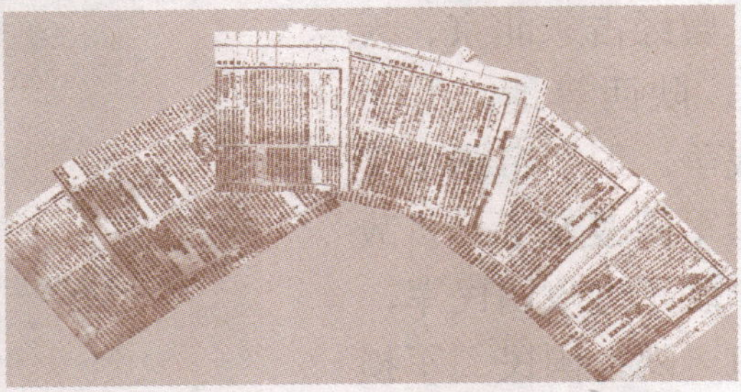

《新秦日报》对坚守西安情况的报道

镇嵩军入陕后进至西安东郊，设指挥部于十里铺。刘镇华认为国民二军豫西覆没，没剩下多少人，进入西安城是迟一天或早一天的事。适逢刘镇华的故旧僚属组成“和平期成会”，前来十里铺拜会，恳请刘镇华稍等数日，待他们劝说国民军退出西安后再来迎接入城。及至杨虎城于4月18日率部入城，刘镇华如大梦方醒，遂下令所部从东、南、北三面连续二十余天进行强攻，留下西面一门，希冀国民军不支而退，并妄图借机予以消灭。孰料明代遗留下来的古老城墙，厚、高均在三丈六尺以上，任凭枪击炮轰，依然巍巍不动。5月中旬，刘镇华下令将西安城四面包围起来，使其成为与外界完全隔绝的一座孤岛。“和平期成会”的绅耆们见杨虎城部入城坚守，遂大肆散布投降言论。其中骨干分子褚恒劼劝李虎臣、杨虎城说：“果能知难和谈，今日尚不为晚。”杨虎城遂下令军法处，查实其罪证，于5月17日将其在西华门处决，以安定民心、稳定军心。

城外有10万镇嵩军包围攻打，城内八千多国民军苦守。守军力单势孤，且有二三军之分、隶属之别。为了统一指挥，充分发挥现有兵力的作用，5月19日，城内国民军将领举行军事联席会议，决定取消各部队原有番号，统称陕军；推举李虎臣为陕军总司令兼第一师师长，田玉洁为副司令兼第二师师长（驻泾阳），杨虎城为副司令兼第三师师长，邓宝珊为陕军总指挥，卫定一为副指挥兼第四师师长；成立城防司令部，负责维护社会治安；设立军警联合督察处，负责处理军民纠纷。同时，划分防守区域和部署兵力：第三师冯钦哉旅及黑宪章支队，防守东城墙及东关，兵力约6个营；第三师姬汇伯旅和孙蔚如支队，防守北城墙及北关，兵力约10个营；第一师刘文伯旅，防守南城墙及南关，兵力约6个营；第四师沈仲斐团和逄松山团，防守西城墙及西关，兵力约3个营。同时规定，没有总司令部的命令，各守防地互不支援，以防敌军声东击西之阴谋。此外，设立总粮台，统一管理、发放粮秣。

刘镇华与镇嵩军部分首领

5月25日，镇嵩军将数十门大炮置于含元殿遗址的高地上，掩护步兵分别向东关和北关发起猛攻。守城官兵冒着密集的炮火英勇反击，激战五个多小时。敌军终因受到重创而撤退。

6月初，郊外小麦成熟。刘镇华为了不让城内军民得到粮食，遂令士兵放火于麦田，将十多万亩即将收割的小麦焚毁。西安四周，“白天浓烟蔽日，入夜火光烛天”，乡民的哭声不绝于耳。

7月22日晚，一些群众团体联合在三意社剧场举办秦腔晚会，慰问守城官兵。镇嵩军乘机出动三个团的兵力、三百多人的敢死队，抬着五十多架云梯从东北城角强行登城，且有十多人已经攀着云梯爬到城头。守城官兵发现后仓皇应战，支队司令孙蔚如督率部下手持大刀与敌展开肉搏，足部负伤仍然坚持指挥。正在看戏的李虎臣、杨虎城等闻讯后立即前来督战，战至天亮，敌军尚无退意。杨虎城遂令营长孙友仁、薛光汉等率部，分别从东门、北门出击，终将敌军击退。此战毙敌

被镇嵩军炸毁的南门城楼

六百，缴获大批枪支。7月31日，敌军又在东门外先农坛架起大炮，掩护步兵搭云梯攻城。旅长冯钦哉从容指挥，士兵勇敢将敌军杀退。

陕军守城用的钢炮

8月份之后，城内粮食、弹药及各类物品严重匮乏，陕军主动放弃城外阵地，撤回城内防守。因而，敌兵可以直接到达城下，与城上守军对话。西北城角守军杨排长与镇嵩军张连长是河南同乡，杨排长的上司连长戴万镒曾担任过镇嵩军团长，是敌军张连长以前的上司。于是张连长以纸烟、白酒等拉拢杨排长，企图诱使戴连长“献城”。杨虎城得知这一情况后决定将计就计，让戴连长与敌军约好“献城”的时间、地点、暗号。

9月18日深夜，敌军一个团的兵力来到西北城角下，架起云梯，在得到暗号后便争先恐后地往上爬。陕军守在城头，上来一个活捉一个。终有敌兵发觉后大呼“上当”，于是城下敌兵慌忙撤退，乱作一团。城上顿时枪声大作，跑得慢的非死即伤。此战活捉、打死敌军官兵二百余人，缴获武器一百四十余件。

镇嵩军在攻城之外，在韩森冢等处架设大炮，每日向城内射入炮弹上千发，石裂铁

城内南院门被焚毁之惨状

飞，声震屋瓦，不时有房毁人亡者。杨虎城部炮兵连长刘光甫精于炮战，多次以炮火摧毁敌军炮兵阵地。镇嵩军大惊，遂使奸细扮作难民混入城内刺探究竟。奸细得知刘光甫是神炮手后，收买了炮兵连的一位排长，逼其将刘光甫刺杀。杨虎城闻讯后下令严查，并将这位排长就地正法。镇嵩军的奸细还企图烧毁陕军的粮台，幸被哨兵及时发现。

刘镇华的强攻智取均告失败，遂征调二十多万民夫，在城外四周挖掘宽、深各约两丈的壕沟，修筑工事，打算长期围困。

9月26日，吴佩孚派出两架飞机，飞到西安上空投掷炸弹、抛撒传单，对陕军进行恐吓、诱骗；以10万元悬赏李虎臣、杨虎城的首级。10月24日，又有两架飞机飞临西安上空，抛撒传单，进行挑拨离间、威胁利诱，然而城内军民始终不为所动。

慈善机关给城内难民发放油渣的场景

镇嵩军还在西安城外拆房毁庙、砍树伐木、打家劫舍、挖坟盗墓、奸淫妇女，其罪恶可谓罄竹难书。

进入10月，城内粮食极端匮乏，李虎臣、杨虎城多次组织兵力突围，试图打通咸阳、三原、泾阳的粮道，但由于镇嵩军封锁严密、陕军弹药不足，均告失败。于是下令将商铺储存的油渣，粮仓存放的麦麸、饲料等物，分别发放给市民和难民充饥；部队屠宰战马。树皮、草根、猫、狗、麻雀、老鼠，也都成了人们的果腹之物。

城内难民饿死街头惨景

入冬以后，树皮草根无处寻，掘鼠罗雀不可得。十多万军民米珠薪桂，度日如年。特别是饥寒交迫、流落街头的难民，有气无力地蜷缩于阶前檐下，不时有气绝身亡者出现。11月中旬，一场雨夹雪横扫古城，当天死亡难民多达九百余人。“有弃婴于道旁者，有正行走间倒卧街衢者，有尸被鸟啄者。”种种惨状，令人目不忍睹。自围城到解围的八个月中，西安城内军民死亡总数达5万余人。若西安城围迟解几日，其后果更加不堪设想。

在坚守西安的斗争中，中共西安地委把支持国民军保卫西安、保存革命实力，始终作为重点工作中的唯一重点。

在西安党团组织推动下，陕西红十字分会设立难民收容所

在镇嵩军兵临西安城下、李虎臣犹豫不决时，中共西安地委领导成员黄平万、吴化之、魏野畴、刘含初、雷晋笙、张秉仁、吕佑乾以及共产党员赵葆华、杨明轩、张含辉、王授金等人，以国民党陕西省临时党部的名义和国民党员的身份，对李虎臣、杨虎城等国民军将领进行了大量的思想政治工作，帮助他们确立坚守西安的战略思想、树立坚守西安的信心和决心。特别是时任杨虎城部队政治教官的魏野畴，跟随在杨虎城左右出谋划策；吕佑乾亲率百余名学生军，跟随杨虎城部队参加守城战斗。中共西安地委又指示共青团、学联、妇女协进会等群众团体组成宣传队、慰劳队，或走街串巷，或召开大会，或到兵营慰问，或举办文艺晚会，以各种形式宣传动员群众，稳定军心民心，鼓舞士气，从而形成了军民协力坚守西安的局面。

西安被围后，中共西安地委以国民党临时省党部的名义，向杨虎城申请了部分经费，为滞留在西安城内的各县学生举办了暑期学校，向学生讲授科学社会主义、马列主义等革命理论的基础知识，既维护了社会秩序，又培养了革命人才。真可谓“长安城外炮声隆，城内犹闻读书声。”

在城内粮食出现短缺时，党组织发动妇女和青年学生参加社会救济和市民自救，并和慈善团体一道向当局申请经费、粮食或代用食物，为难民建立收容所、开办“粥厂”，帮助群众渡过难关。家在西安的共产党员和共青团员还将家里的粮食拿出来，与大家同舟共济。在粮食特别匮乏时，雷晋笙把食物送给体弱有病的同志，自己却被饿得头脑发昏、口吐黄水。徐汉儒将自家酱园里的黄豆、酱菜等拿出来供同志们充饥。方鉴昭则常把革命同志领到自己家里吃饭。

围城期间，军民的文化娱乐活动从未间断，易俗社、三意社等秦腔剧院照常演出。在中共西安地委的组织下，王观政、王观德、李馥清、彭淑珍、秦德君、刘文德等女党团员，编排了《车夫婚姻》《天涯姐妹》《花木兰》《刘镇华祭灵》《刘镇华托孤》等秦腔剧目和文艺节目，在各剧场轮番演出，深受军民群众欢迎，剧场内常常座无虚席。

西安围城期间萧条的街景

同时，中共西安地委派

出魏野畴、张含辉、侯德普、孟园梧等一批党团员化装出城，或向三原、泾阳、咸阳等地驻军求援，或到周至、户县、蓝田、临潼等地发动农民武装，打击、牵制镇嵩军。5月中下旬，临潼、渭南等地的党组织，领导群众开展“交农”运动，拒绝向镇嵩军交纳粮草及款项。6月下旬至7月上旬，周至、户县一带的红枪会在党团员的发动下，举行了农民武装暴动，沉重打击了进入关中的吴新田部，减轻了西安的军事压力。10月中下旬，张含辉、侯德普等人前往蓝田，与在当地学校任教的共产党员赵伯平等组建农民自卫军，摧毁了镇嵩军设在狄寨、洩湖等地的粮台，并消灭了敌军的一个营。魏野畴、孟园梧等分别到三原、咸阳，请求当地驻军出兵援救西安。

正当镇嵩军把西安城围得水泄不通、城内军民在死亡线上挣扎时，南方革命军的北伐势如破竹，捷报频传，西安城解围的日子将为期不远了。

# 第八回

## 国民联军解围西安
## 古城开辟革命公园

五原誓師兵馬嚴，
南下陝西解倒懸。
三橋決戰一周年，
西安軍民重見天。

五原誓师兵马欢，
南下陕西解倒悬。
三桥决战一月余，
西安军民重见天。

1926年7月初，正当西安军民头顶炎夏烈日、坚守西安孤城之时，南方革命政府发布了北伐动员令，国民革命军誓师北伐，中共中央随即发表北伐宣言。中共北方区委李大钊，也于7月上旬委托国民党中央执委于右任赴苏联莫斯科，敦促冯玉祥回国，重整国民军，参加北伐。7月中旬，于右任带着俄语翻译马文彦，乘苏联货轮从上海绕道日本马关到海参崴，换乘火车前往苏联莫斯科。

冯玉祥在反奉战争失败后，将国民一军交给张之江，并通电辞职下野、赴苏联考察。在莫斯科期间，他经驻苏国民党代表介绍加入国民党，并在中共旅莫支部负责人刘伯坚、中共驻第三国际代表蔡和森的帮助下，思想认识

冯玉祥、于右任同西安群众一起打扫街道

大为提高。7月下旬，冯玉祥在莫斯科同于右任见面后，当即表示同意李大钊重整国民军，进军陕西，解西安之围；出兵潼关，策应北伐的建议。同时立即与苏联政府、第三国际、中共旅莫支部等方面联系，争取支持和帮助，积极进行回国前的准备。

冯玉祥

8月10日、17日，于右任和冯玉祥先后从莫斯科启程，经库伦（今乌兰巴托）回国。苏联顾问乌斯曼诺夫、共产党员刘伯坚等人随行，邓小平等一批共产党员奉命回国，到国民军中从事政治工作。9月15日，冯玉祥、于右任、刘伯坚等一行抵达绥远省五原镇（今内蒙古五原县），并与闻讯赶来的孙岳、弓富魁、方振武、鹿钟麟、石敬亭等将领举行会议，决定组建国民军联军，冯玉祥任总司令，刘伯坚任政治部副部长，代理部长。

于右任

9月17日，国民联军在五原举行誓师大会，宣布全军官兵加入国民党，参加国民革命，策应北伐。不久，李大钊又派共产党员方仲如给冯玉祥送来亲笔信，再次建议国民联军南下陕甘，解西安围，出兵潼关，与北伐军会师中原。冯玉祥根据李大钊的建议，制定了“固甘、援陕、联晋、图豫”的八字战略方针，并迅速组建援陕军，令孙良诚为

刘伯坚

五原誓师图

总指挥，率部南下，解救西安之围。同时令于右任为国民联军二、三军临时总司令，率史可轩等部先行回陕，解救三原之围；令方振武、刘汝明、孙连仲、马鸿逵各部尽快集结，增援西安。

9月下旬，国民联军援陕军总指挥孙良诚率吉鸿昌、梁冠英等部从兰州长驱千里，于10月中旬抵达乾县，并与前来迎接的于右任、邓宝珊等商议，决定冲破镇嵩军的渭河防线。10月下旬，孙良诚、邓宝珊指挥吉鸿昌、梁冠英、刘存简、姜宏模等部分别从兴平、咸阳渡过渭河。镇嵩军猝不及防，从咸阳一线败退三桥一带，占据有利地形加强防守。刘镇华亦紧急调集渭北和东郊兵力增援西线。时逢关中雨季，秋雨连绵40余日，道路湿滑泥泞，辎重车辆、后援部队行进缓慢，使前线的弹药和给养得不到及时补充，给部队进攻造成严重困难。因此，援陕军在西郊与镇嵩军相持一月有余，未能前进一步。西安城内军民只闻枪炮响，不见援军来。

11月下旬，天气放晴，刘汝明、孙连仲、方振武、马鸿逵等援军各部陆续抵达咸阳。冯玉祥遂任命孙良诚为援陕军总司令、邓宝珊为副司令，统一指挥援陕军各部，并悬赏10万元以速解西安之围。同时，孙良诚赶赴咸阳，与各部将领举行军事会议，对解西安之围进行战斗部署。会议根据邓宝珊和苏联军事顾问赛夫林的建议，决定刘汝明部从南面迂回突袭东郊镇嵩军总部，马鸿逵部从正面攻西关，并以炮火牵制两翼之敌；吉鸿昌部攻南关，孙连仲部进攻北关，方振武部沿渭河北岸推进，消灭渭北之敌。

国民军联军（国民革命军第二集团军）苏联顾问团团长乌斯曼诺夫

11月27日晨，孙良诚下达总攻令，四路大军如猛虎下山，摧毁了镇嵩军西郊防线，向西安城全线推进。刘汝明部绕道长安子午、王曲等地，于次日凌晨进抵东郊十里铺。刘镇华到了“无可奈何花落去”境地，遂下令全线撤退。

孙连仲部占领大白杨后，发现敌军有撤退之

11月28日，西安群众夹道欢迎国民军

11月28日，渭北群众送粮进入西安城

势，遂急驰灞桥一带进行截击。马鸿逵部、吉鸿昌部以及孙良诚指挥的后援各部，迅速推进到西安城外。镇嵩军全线向东郊溃退，在灞桥一带遭到孙连仲部的截击，在临潼、渭南一带又遭渭北陕军、方振武部和当地群众的拦截，一路丢盔撂甲、损兵折将，狼狈不堪地逃出潼关。

1926年11月28日，被镇嵩军围困了近8个月之久的西安城终于解围，城内军民如出水火，重见天日。陕军将领李虎臣、杨虎

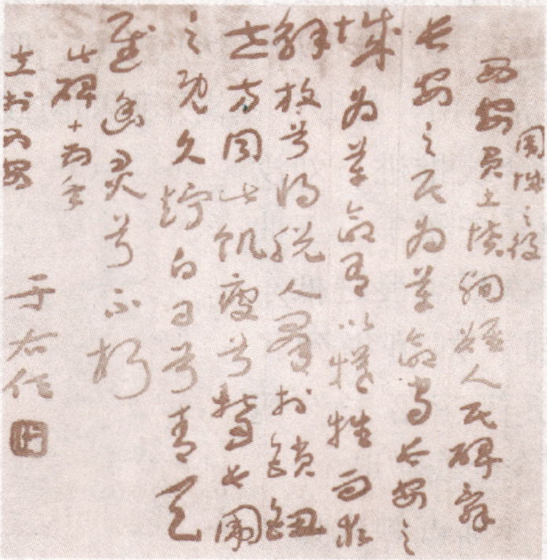

于右任手书《围城之役》碑辞

国民军联军指战员整修道路

城、卫定一等，与官兵和民众一起出城迎接援陕军，两军相见，悲喜交集，无以言表。随后，国民军二、三军临时总司令于右任率部驮运大批粮食和干粮进入西安，远郊乡民亦有贩卖熟食、干果者陆续进入城中，为饥肠辘辘的西安军民送来了救命的食物。

西安解围后，在国民联军总司令冯玉祥的敦促下，于右任、邓宝珊于12月22日，分别就任国民联军驻陕总司令、副司令，成立了国民军联军驻陕总司令部。

为了安葬、掩埋和祭奠围城期间的死难军民，驻陕总司令于右任主持成立了追悼阵亡将士及死难人民筹备会，不久即改为陕西革命大祭筹备会，并设立了革命大祭筹备处积极开展工作。

1927年1月13日，革命大祭筹备会召开第一次会议，于右任、邓宝珊出席。会议决定由丁增华、冯钦哉、沈仲斐、牟文卿、杨仁天和长安县县长彭季强等6人组成筹备委员会，下设总务处、宣传处、文书股、庶务股、会计股、招待股、设备股、收发股、工程股等，办公地址设在公安局。1月14日，

革命公园牌楼（建市体育场时拆除）

革命大祭筹备会召开第二次会议，王陆一根据于右任总司令的意见，将筹备会定名为陕西革命大祭筹备会。会议推选杨仁天、彭季强、丁增华、韩德元（警备司令）等人为总务处主任，赵葆华为宣传处主任。1月15日，陕西革命大祭筹备会第三次会议决定，将旧皇城改建为红城，在红城北门外开辟公园、设置公墓，安葬坚守西安期间的阵亡将士和死难人民。

光明楼（已拆除）

革命公园大门（已拆除）

皇城改为红城后，驻陕总部下令将红城的墙壁、城内各大街的门面等全部涂成红色，警察的指挥棒和帽子也染成红色，使西安成为一片红色的海洋。

1月26日，陕西革命大祭筹备处发出通告，决定将围城期间的死难人民及阵亡将士在红城北门外改葬，届时由与会人员负土公葬。这样“既可将刘镇华之残暴行为永留纪念，亦可将革命事迹垂之不朽。”同时，驻陕总部出动大批人力，将城关内外死难军民浅埋、寄放无人认领的尸体共3043具，移葬于红城北门外东北隅的革命公园内（其余大量尸体已被家人或亲友安葬于别处）。

3月12日，国民联军驻陕总部在西安红城北门外举行规模盛大的追悼大会和公葬仪

在革命公园召开的纪念坚守西安胜利四周年会场

式。军民群众10万多人参加，国民联军总司令冯玉祥，政治部代部长刘伯坚，驻陕总部总、副司令于右任、邓宝珊，军队各路将领，国民党陕西省党部负责人等全体出席，或致悼词，或讲话。冯玉祥和国民军驻甘总司令刘郁芬分别为革命大祭撰写了《西安革命公园国殇墓碑》和《陕西革命殉难军民合冢铭》。各界人士、各机关团体送来的挽联铺天盖地。

杨虎城撰联曰：

“生也千古，死也千古；
功满三秦，怨满三秦。”

孙蔚如撰联曰：

“战绩常留，记得含元殿前、
慈恩寺畔；
忠魂不泯，请看地下河岳、
天上日星。”

会场隆重肃穆的气氛催人泪下。凡与会者，每人到北郊背土一袋，按照男左女右，将3000多具尸骨分别放入两个墓穴，堆起东西两座大冢，作为永久纪念。同时，驻陕总部在大冢周围划出官地485亩，建立革命纪念公园。园内建革命亭、忠烈祠、光明楼等，陈列革命文物，供人民瞻仰。从此，革命公园作为陕西人民革命的历史见证和革命精神象征，永远屹立在古城之中。

# 第九回

## 驻陕总部革故鼎新
## 党群组织纷纷建立

長安城頭烏雲散，
古城內外人馬歡。
聯合戰線威力大，
革命浪潮衝雲天。

长安城头乌云散，
古城内外人马欢。
联合战线威力大，
革命浪潮冲云天。

革命亭下群众集会场面

西安解围后，国民党陕西省临时党部迅速恢复，西安党团联席会议及时建立，革命运动出现了高涨的势头。国民联军驻陕总司令于右任，曾在苏联莫斯科接触到一些革命的新鲜事物，遂将其运用到陕西的政治建设方面，并大胆任用共产党人。1927年1月1日，驻陕总部宣布：废止省长、道尹、议会等旧的官制，在新省政府产生前，驻陕总部为全省管理军政民政的最高机关；驻陕总部联席会议是处理全省军民政务的最高机关。联席会议由总、副司令于右任、邓宝珊，总部特别党部代表李兴中、史可轩，省党部代表赵葆华、刘含初、杨明轩组成，7名成员中4名是共产党员。驻陕总部的命令经联席会议决定后，由总、副司令署名公布。

驻陕总部宣布成立参谋处、副官处、政治部、军事裁判处，分别由李兴中、牟文卿、惠有光、魏野畴等人担任处（部）长，管理军政事务；成立民政厅、教育厅、建设厅、司法厅、政治保卫部、财政委员会、粮秣总监，分别由郭子兴、杨明轩、严庄、段韶九、史可轩、薛笃弼、王授金、杨晓初等人担任厅（部）长，管理民政事务。在以上这些领导成员中，共产党员占有相当的地位，并在决策和工作中发挥了巨大作用。

驻陕总部宣布废除旧知县，并向关中38个县、陕北17个县、陕南15个县，委派了70位新县长。同时，驻陕总部还宣布，人民有集会、结社、言论、出版之自由；要求各政府机关，帮助发展工农及各人民组织；努力发展教育并设立平民学校，使贫苦工农均能得到相当的知识。倡导树立社会新风尚，宣布取缔看相、算命、观风水等一切迷信活动；要求各种文化娱乐场所、书报刊物“均须带有浓厚的革命意义”。总之，国民联军驻陕总部的各种新举措、各项新的法规政令，充分体现了国民革命的宗旨、任务和目的。在共产党人和国民联军驻陕总部的推动下，党群组织如雨后春笋纷纷成立。

1927年1月21日至25日，国民党陕西省第一次代表大会在西安举行，出席会议代表70人，其中多数为共产党员。大会先后由于右任、史可轩、魏野畴、李子洲、刘含初、

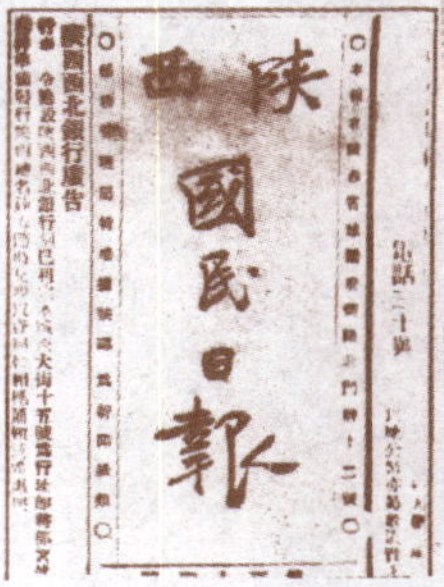
陕西
國民日報
陕西西北银行广告

陕西国民日报

耿炳光

李大钊

中共陕甘区委
执行委员亢心哉

杨明轩、王授金主持，赵葆华任秘书长。苏联顾问乌斯曼诺夫、赛夫林任顾问，国民联军特别党部主席刘伯坚出席。大会通过了宣言和有关问题决议案，选举赵葆华、刘含初、史可轩、黄平万、张秉仁、张含辉、李子洲、魏野畴、杨明轩、王授金等13人为执行委员；王尚德、呼延震东等3人为候补执行委员。此后，国民党陕西省党部创办了《陕西国民日报》，由雷晋笙、白超然分别担任社长和总编辑。

3月14日至18日，中共陕甘区第一次代表大会在西安中山学院举行，出席代表11人，代表9处党组织。大会通过了《目前工作计划》，制定了“工作集中、人才集中”的工作原则，提出“党到农民中去”的口号，选举耿炳光（书记）、魏野畴（宣传）、李子洲（组织）、亢心哉（农委书记）、陈家珍（军委书记）为陕甘区委委员。中共陕甘区委兼中共西安市委。

3月13日，共青团陕甘区第一次代表大会在西安中山学院召开，出席代表10人。大会提出“工作青年化，组织群众化”的行动口号，选举曹趾麟（书记）、张慕陶（宣传委员）、吴化之（组织委员）、王芾南（学运委员）、王文彬（青年委员）为区委执行委员。共青团陕甘区委兼共青团西安市委。

3月29日，陕西省总工会筹备处在西安成立。5月1日，陕西省总工会成立大会在西安东大街省党部举行，30多个团体千余人出席。大会通过了《陕西总工会成立宣言》《陕西省总工会章程》，选举张含辉、严振五、李子静等3人为执委会常委。

张含辉

3月27日，陕西省农民协会筹备处在西安成立，由共产党员张含辉、亢心哉负责。6月1日至8日，陕西省农民第一次代表大会在西安举行，出席会议代表84人，代表32个县农协。大会通过了《陕西省农民协会成立宣言》《组织审判土豪劣绅特别法庭决议案》《惩办贪官污吏及土豪劣绅决议案》《改良雇农及佃农生活决议案》等多项议案，选举王授金、亢心哉（亢维恪）、张含辉、陈嘉惠、马介人（马致远）为执委会常委。

王授金

5月12日至18日，陕西省学生联合会第二次代表大会在西安召开，关中、陕南、陕北各地学生代表60余人出席会议。大会通过了拥护国民军、帮助工农运动、妇女运动、平民教育运动、反对基督教运动等多项决议案和学联章程，发表了宣言和《告国民军肃敌诸将士书》，选举13名执委和5名候补执委；王苇南（王林）、郭峻、胡景儒（女）、秦镇西、曹耀宗为执委会常委。

陈嘉惠

5月18日至21日，陕西省青年社第一次代表大会在西安举行，21个青年团体的45名代表出席。邓希贤（邓小平）应邀向大会介绍了苏联近况，雷晋笙、杨明轩应邀到会讲演。大会通过了反基督教运动、文化运动、青年本身利益等多项决议案和《陕西青年社章程》《陕西青年社成立宣言》，发表了《本社成立通电》《拥护国民革命军肃清奉系军阀通电》《哀悼京津死难烈士李大钊通电》等，选举王文彬、黎光显、王若渊、刘鼎锡、任淑英（女）、刘秀英（女）、杜宗美等9人为执行委员会委员，王文彬为总务部主任。

3月1日，西安妇女协进会第二次代表大会在西安召开，各界妇女代表30多人出席。大会通过了禁止买卖人口、禁止多妻、禁止童养媳、禁止官妓私娼、学校开放女禁、结婚离婚绝对自由、保护逃婚妇女、女子在职业上与男子机会均等、女子有财产权及财产继承权等10项决议案，选举产生了15名执委。王观政、秦德君、李少云、师秀云为常委。上述党、团组织和群众革命团体的普遍建立，为促进西安地区工农革命运动的高涨，奠定了坚实的组织基础。

# 第十回

## 中山学院桃李芬芳
## 中山军校人才荟萃

莘莘學子讀書忙，
馬列主義作武裝。
政治軍事努力學，
學好本領上戰場。

莘莘学子读书忙，
马列主义作武装。
政治军事努力学，
学好本领上战场。

安吴青训班旧址

1927年1月中旬，国民联军总司令冯玉祥，根据西北大学规模过大，学生过少，“兼之城围八月，挹注无望”的实际情况，委派刘含初、赵葆华、李子洲三人组成委员会，负责收束西北大学，筹办中山学院，培养革命急需人才。2月16日，冯玉祥致电于右任总司令称：“本军党务及政治工作人才缺乏，各方均向总部请求派人而无法应派。中山学院应定日开学，赶速训练大批人才，以应急需。”

在刘含初、赵葆华、李子洲的艰苦努力下，经过1个月日以继夜的紧张工作，中山学院于2月15日宣告成立，并发出招生启事。第一批招收军事政治班、农民运动班、组党班，每个班的学员名额均为100名，报名额满，随即开课。西安及关中各县的青年学生，特别是一些党团员和进步青年，闻讯后纷纷前来踊跃报名。学院遂于3月下旬在西安东厅门原西北大学校园内开课。共产党员刘伯坚、刘含初、李子洲、赵葆华、魏野畴、吴化之、杨明轩、雷晋笙等人担任各科教员，苏联顾问乌斯曼诺夫、赛夫林也经常到学院讲课。

3月6日，中山学院委员会成立，刘含初、刘伯坚、杨明轩、李子洲、薛笃弼等5人任委员，刘含初任委员长。同时，学院决定增设妇女运动班、行政人员养成班，并通知陕西、甘肃两省，陕南、陕北各县，迅速为学院选送各类优秀人才。不久，学院领导又根据革命工作需要和青年学生要求，决定再招收农民运动班学员100名，并将“红城政治训练班”迁入学院。由于中山学院由优秀的共产党员知识分子领导开办并亲自讲授各科课程，青年学生争相报名参加考试，“以致学校大有人满之患”。

中山学院各科学制均为四个月，学习期满后，军事政治班学员，由国民联军总部分配到军队中从事各级政治宣传工作，或充任党代表；农民运动班学员毕业后，由国民党省党部农民部分配到各地农村，发动并指导农民运动；组党班学员毕业后，由国民党省党部分派到各县，宣传党义、训练党员，组织成立国民党各级党部；妇女运动班学员毕业后，由省党部分派到各县，指导开展妇女运动；行政人员养成班的学员，则由驻陕总部分配到各级行政部门从事行政工作。

刘含初

中山学院实行军事化管理，吃饭前、上课前、操练前都要唱歌。因此，读书声、操练声、唱歌声此起彼伏，校园内充满了团结、严肃、紧张、活泼的革命气氛。学员在紧张的学习之余，还积极参加各种社会活动和群众集会，在火热的斗争和社会生活中学习知识，为担负革命工作打好基础。

7月中旬，由于政治形势恶化，中山学院停办，学员解散，师生中的共产党员纷纷转移隐蔽。院长刘含初回到家乡中部县（今黄陵县）后，被陕北驻军司令井岳秀派人杀害。



**刘含初** （1895—1927）名翰章，字含初，陕西中部人。1916年考入北京大学文史系，在李大钊的影响下参加新文化运动，并与刘天章、李子洲、魏野畴等组建旅京陕西学生联合会，创办《秦钟》杂志，向陕西传播新文化新思想。1920年毕业后，先后在苏州、广州、上海等地任教，1923年在上海加入中国共产党。1924年底回陕，相继在西北大学和杨虎城创办的三民军官学校任教，在

邓小平在法国勤工俭学时留影

西安先后参与组建国民党陕西党员俱乐部、国民党陕西省临时党部、中共西安特支，任中共西安地委委员、国民党陕西省党部常委，参加了坚守西安的斗争。遇害时年32岁。

在国民联军总部创办中山学院的同时，国民联军驻陕总部在西安北院门创办了中山军事学校，并于3月间开始招生上课。总部政治保卫部部长史可轩兼任校长，共产党员李林任副校长兼教务主任，邓小平（时名邓希贤）任政治部主任，许权中任学员总队长。共产党员邓小平、许权中、刘志丹、唐澍、刘继曾等人以及苏联顾问赛夫林等担任各科教员。

许权中

中山军事学校在校学员多达700余人，分为三个大队进行学习、训练，共产党员王浪波等分别担任各大队队长。学校教学坚持以军事为主、军事政治并重的原则，力求培养出合格的政治、军事人才。从校领导到教员，绝大多数都是共产党员；从队长到学员，也大多数为党团员和青年积极分子。特别是邓小平等从苏联莫斯科回国和从广州黄埔军校派来的一批教员，把苏联的革命经验和实践传授给学员、把黄埔精神带进校园，使学校的政治气氛和学习风气格外浓厚。因此，一些共产国际和苏联的专家，把西安中山军事学校称为“西北之黄埔”。

7月中旬，国民联军已经奉命改编为国民革命军第二集团军，总司令冯玉祥追随蒋介石，在陕西进行“清党”反共。于是冯玉祥命令史可轩将西安中山军事学校的全体师生，与驻陕总部政治保卫部警卫师的全体人员合编为一个旅，开赴河南洛阳待命。中共陕西党组织为了保存这支革命武装，指示史可轩拒绝执行冯玉祥的命令，率领部队北上。在率部北上途经富平县美原镇时，史可轩被地方反动武装头目田生春杀害。

史可轩

**史可轩** （1890—1927）原名史世兴，又名史宗法，陕西兴平人。1907年投奔山西太原新军，次年加入同盟会。因参加革命活动被捕，后被保释出狱。1909年夏进入太原陆军学校学习。辛亥武昌起义后参加革命军，任游击营长、晋南革命军第一混成旅第一团团长，后加入陕西革命军陈树藩部。1913年，被当局保送日本留学，学习军事，并加入孙中山组织领导的中华革命党。1914年奉命回国，在山西策划反对袁世凯的斗争，遭阎锡山通缉后，避居华山“共学园”。1918年，参加陕西靖国军，后任胡景翼部骑兵营长，参加了北京政变，并升任国民二军第三补充团团长。1924年底，任郑州警备司令。1925年12月，率部进驻天津，与邓宝珊发表联合声明，主张改组临时执政府，成立国民政府。1926年5月，前往苏联考察途经上海时，由王若飞介绍加入中国共产党。8月，随同冯玉祥、于右任从苏联回国，参加北伐。五原誓师后，任国民联军总司令部警备师长。西安解围后，任驻陕总司令部政治保卫部部长。牺牲时年37岁。

史可轩遇难后，部队由政治保卫部委员兼警卫师师长许权中带领，后依附于原国民军冯毓东部进行隐蔽，并被冯玉祥编为暂编第三旅，许权中任旅长。1928年5月，根据中共陕西省委的指示，许权中率部进驻华县高塘镇，发动了声势浩大的渭华暴动。起义失败后，许权中被派往苏联学习。

除中山学院和中山军事学校外，国民联军军事政治学校（亦称西北军官学校）也于1927年4月，在西安东厅门原军装局内开办。续范亭任校长，王文彬任副校长，唐澍任政治部主任兼主任教官，乌斯曼诺夫任顾问，共产党员贾大容、汪泽阶、王一飞等担任各科教员。在校学生1500余人，分为步兵6队，骑兵、炮兵、工兵、机关枪兵、迫击炮兵各1队。7月中旬，学校奉命结束，开赴洛阳。

# 第十一回

## 革命洪流排山倒海
## 农民运动如火如荼

国共合作是法宝，
国民革命掀高潮。
古城内外尚春意，
长安容颜焕新貌。

国共合作是法宝，
国民革命掀高潮。
古城内外皆春意，
长安旧颜换新貌。

武装的农民队伍

随着北伐战争的胜利进军、西安党政机构和群众团体的建立，大革命运动在西安地区出现了新的高潮。从3月5日到5月30日，在3个月的时间内，仅万人以上规模的群众集会多达18次，主持单位多为驻陕总部和国民党陕西省党部。在国共合作的大环境下，中共陕甘区委的领导人和国民联军的领导人经常活跃在这些群众集会的会场上。集会地点大多集中在“红城”广场、革命公园和大莲花池（今莲湖公园），且气氛热烈而高昂。特别是“反英运动”大会、陕西革命大祭、拥护国民军会师中原大运动、革命教育运动、五一纪念等群众大会和示威游行，除了工人、学生、妇女、军人和市民群众参加外，每次都有2万人至4万人的农民武装参加。这不仅提高了广大农民的社会地位，而且第一次把农民纳入了革命主力军的队伍，使他们受到锻炼，壮大了革命力量，也使沉寂的古城沸腾起来。

在每次群众集会上，都有冯玉祥、于右任、乌斯曼诺夫等人的身影，都有共产党员刘伯坚、魏野畴、赵葆华、雷晋笙、杨明轩、刘含初、张含辉、王授金等人的报告或讲演。“反英运动”、纪念孙中山逝世2周年、纪念二七运动、追悼四二八烈士、纪念五一、纪念五卅运动等大会，既是群众集会，也是向群众进行革命宣传的课堂。在李大钊等四二八烈士中，就有西安人李应良，他也是20位烈士中唯一的陕西人。

李应良

**李应良** （1900—1927）原名培基，字子善，陕西长安（今西安市未央区）李家壕村人。1924年进入西北大学学习，并加入社会主义青年团。1925年，经吴化之介绍加入中国共产党，参加了坚守西安的斗争。1927年2月，任中山学院事务委员，并协助陕甘区委组织部长李子洲工作。3月初，被陕甘区委派赴北京，送密信给北方区委负责人李大钊。4月6日，奉系军阀张作霖出动警察、宪兵、特务数百人，悍然违反国际公法，包围北京东交民巷苏联驻华大使馆，逮捕了李大钊和李应良等北方区委和各地方党组织派去的办事人员共20人。4月28日，李应良与李大钊等20人在北京被军阀杀害，时年27岁。他的牺牲，对西安革命运动的开展是一个重大的损失。

西安解围后，国民联军进驻西安，大批共产党员云集古城；城内频繁的群众集会、游行，党政军的各种活动，大街的红墙和各色标语，构成了一幅波澜壮阔的群众运动的画卷；此起彼伏的口号声，激情昂扬的歌声，紧张操练的练兵声，奏出了一曲气壮山河的大革命交响曲，使西安在大革命时期成为一座名符其实的“红城”和中国北方的革命中心，得到了“南有广州、北有西安”的赞誉。在轰轰烈烈的群众运动中，农民运动独树一帜。特别是长安农民运动，是北方革命运动发展的重要标志。

长安县（今长安区），过去不仅包括现在的长安区，还包括现在的西安市城郊六区，县府衙门就设在长安城内的南四府街。镇嵩军围城之前，中共西安地委就派出农民运动宣传员到长安农村进行调查、宣传。西安解围后，党团联席会（当时陕西党组织的最高机关）又立即派出以陈嘉

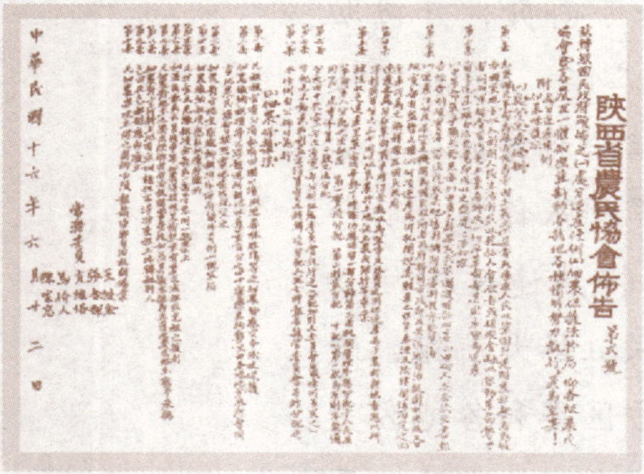
陕西省農民協會佈告

中華民國十六年六月二日

陕西省农民协会布告

惠、李艮、徐汉儒、郗天哲、丁世丰、康居仁、方廷堂等共产党员，组成农民运动宣传队分赴长安各地农村，发动农民成立农民协会；发展党员，建立各级党组织。

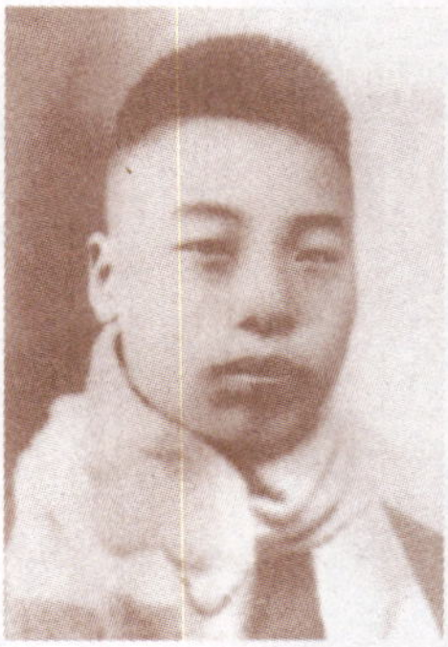
徐汉儒

1926年12月中旬，在郗天哲、方廷堂等人的努力下，长安县第一个农民协会——河池廒茧子新村农民协会成立并发出宣言，号召农友们团结起来，打倒土豪劣绅和贪官污吏，争取自己的翻身解放。在榜样的带动下，长安广大农村，农民协会如雨后春笋般地发展起来。到1927年2月下旬，长安已有村农协520多个、区农协14个，农协会员25216人，农民自卫军拥有武器300多件，农运干部达到19人。

长安农民协会成立后，把斗争矛头直接对准了封建军阀在农村的代表势力——土豪劣绅和贪官污吏。1927年1月2日，全县各区农民代表100多人在西安南院门举行会议，制订了请求新政府取消苛捐杂税、农民协会接管并整理廒（相当于乡）务、举办农运讲习班等决议案。同时决定在南四府街设立长安县农民协会筹备处，由陈嘉惠负责。于右任总司令的代表史可轩到会祝贺并讲话。

3月5日，长安县农民协会成立大会在西安大莲花池举行，于右任、刘伯坚、苏联顾问赛夫林等出席并讲话。有五个区460多个村子的3万农民“扬旗负戈，非常威武”地参加大会。3月6日，长安县第一次农民代表大会在西安单级师范学校举行。大会讨论通过了废除仓廒团局、惩办恶绅土豪、肃清土匪、组织农民自卫军、实行农村教育等10项决议案。选举陈嘉惠、萧光前、郗天哲、秦生华、韩仕美、徐汉儒、丁世丰、高生培、黎登昆等9人为农协执行委员，陈嘉惠、萧光前、郗天哲三人为执行委员会常委。

长安县第九区农协会印章

长安县是由原长安、咸宁两县合并而成的。“廒”和“仓”分别为原长安、咸宁两县农村的储粮单位和地点。即在若干个村子的中心地带建立仓库，丰年存储粮食以防灾年。长安称其为“廒”，咸宁称其为“仓”，以后逐渐演变为行政单位，相当于后来的乡。这也就是长安东“仓”西“廒”的来历。长期以来，土豪劣绅把持着仓、廒政权，把苛捐杂税的沉重负担转嫁到贫苦农民头上，并依靠官府和地方驻军势力，胡作非为、巧取豪夺、欺压百姓。农民群众常有被逼得倾家荡产、家破人亡、妻离子散者。因此，群众对其早已咬牙切齿、恨之入骨，敢怒而不敢言。农民代表大会所制订的《农民协会接管并整理廒务决议案》，就是要把仓、廒政权接管过来，清理仓、廒账目，清查土豪劣绅贪赃枉法、欺压百姓的罪恶证据，并对其予以惩处。有了农民协会的领导和驻陕总部、国民党陕西省党部撑腰，农民群众长期以来积压在胸中的怒火，就像地下炽热的岩浆一样喷发出来，形成无比高涨的革命热情。

长安南乡农民协会旧址

1月中旬，五楼廒的群众将廒约张林旺押解到鱼化廒农民协会进行清算，查实了其贪污3000多块大洋、替镇嵩军强派强征粮款、横行乡里、欺压百姓的罪证，但他拒不认罪。农民协会遂在请示陕西省党部同意后，召开公判大会，判处其死刑，并由徐汉儒等人当即用铡刀铡断其头颅，游示各村。1月15日，《新秦日报》对此进行了报道。

1月下旬，长安农民协会筹备处派出常委萧光前等人清查县财政局账目，查出局长杨冠三、洪子明任事以来黑幕重重，常与县知事互相勾结，把持财政，徇私舞弊，贪污巨款。县农民协会筹备处遂将其罪行登报公布，并号召全县农友行动起来，“铲除财务上的一切积弊，打倒一切恶绅”。

在发动农民开展革命斗争的同时，农民运动宣传员及时发展农运积极分子入党，并先后建立了茧子新村、车张村、五楼村、鱼化寨等村党支部，郗天哲、丁世丰、徐汉儒、张志超等分别担任支部书记，从而为长安县党组织的建立奠定了基础，同时将农民运动引向深入。

长安第五区江村保保长刘大汉私吞公款2600多块大洋，区农协呈请县农协转呈县署查办。县署查实后令其限期退款，不料逾期未交分文。遂经区农协全体人员大会决定，判处死刑，并立即执行枪决。此外，黄良廒约鲁午峰、河池廒约胡有成、三桥廒劣绅傅正生和赵清臣、五楼廒劣绅杨茂林、甘河廒劣绅张天锡、杜曲仓劣绅王效廉、郭庚伯等，均被农协查出贪污事实，但尚能退赔赃款，得到宽大处理。农协将这些款项或分给当地贫苦群众，或为当地创办学校。同时，县农协还清算了长期把持县财政的劣绅赵宝臣和宋品三，并将两人押解到驻陕总部进行追赃。长安农民协会整理廒（仓）务工作的开展，使农村各级政权掌握在了农民协会的手中，农民群众第一次真正体验到了当家做主人的自豪和喜悦。

农民自卫军

与此同时，全县各级农民协会共创办平民学校10所、农民夜校10处，农民俱乐部5处、新闻剧团5家、儿童劳动会4所。这些文化教育宣传机构的建立，对于提高农民群众的文化水平和政治觉悟、树立农村新风尚，起到了重要的启蒙作用。

# 第十二回

## 户县驻军镇压农运
## 东索惨案震惊三秦

農民運動起波瀾，
土豪劣紳心膽寒。
反動駐軍開殺戒，
革命羣眾志更堅。

农民运动起波澜，
土豪劣绅心胆寒。
反动驻军开杀戒，
革命群众志更坚。

农民自卫军图

在革命洪流中，难免泥沙俱下、鱼龙混杂。户县驻军，原为陕西督军陈树藩部的卫队团。陈树藩逃亡汉中后，该团被吴新田收编。吴新田逃亡汉中后，该团又被国民二军收编，并扩编为第四混成旅，旅长何经纬身上有着浓重的封建军阀习气。该部驻户县后，旅长何经纬把持地方政府、勾结土豪劣绅，横征暴敛，扩张个人实力，又将旅扩编为师，给户县人民造成沉重的经济负担，带来巨大灾难。全县13万人口，平均每月承担粮饷折合大洋4.5万元，还有40余种捐税尚未计算。西安解围后，师长何经纬又以部队开拔东征为由，向群众加派了19万元大洋和1.4万石粮食。百姓本已家徒四壁，无钱、粮可缴，土豪劣绅便带领兵丁挨家挨户地催逼，甚至抢物抓人，逼得群众鬻儿卖女、流离失所，甚至家破人亡。

李 艮

1926年12月初，处于水深火热之中的户县东南一带的群众，在得到陕西省党部派人在长安组织农民“打富济贫、除暴安良”的消息后，遂推举郑宪章、余宝德等人为代表，赴西安请求省党部派人领导户县农民与当地驻军进行斗争。

12月中旬，西安党团联席会派出李艮、薛卓茂等人组成农民运动宣传队，首先到户县焦将村、王寨村一带开展农民运动。数日后，李艮、薛卓茂把焦将村的农民运动积极分子刘生玺发展为党员，并成立了户县第一个党小组，薛卓茂任组长。1927年1月上旬，在李艮、薛卓茂、刘生玺等人的发动下，焦将村和王寨村农民协会率先成立，刘生玺、高望重分别担任村农民协会主席。经过农民运动干部的广泛发动，周围村庄纷纷成立农民协会，会员很快发展到2000多人。在此基础上，李艮、薛卓茂等人立即在化羊操、保峪操（操，原为农村武装的操练组织，相当于乡）组织成立了户县第一个区级农民协会。同时，他们还以青年农民积极分子为骨干，将当地贫苦农民自卫组织“神团”（又称硬肚），改编为农民自卫军，打

薛卓茂

击土豪劣绅，开展抗粮抗款斗争。

1月中旬的一天，化羊操约正（相当于乡长）邢振武带领10多名何经纬部士兵到王寨村催收粮款，并抓捕了赵履祥等4名群众，抢走6匹骡马。薛卓茂、李艮、高望重等人闻讯后，立即带领200多名农民自卫军，手持大刀长矛一直追赶到庞光镇，解救了被抓农民，夺回了被抢牲口。

不久，化羊、保峪两操农协会员2000多人在旧泉坊青龙寺举行大会，何经纬部一个排的士兵到附近的灵山寺村催逼粮款。主持大会的薛卓茂、高望重闻讯后，率领农民自卫军前往制止，遂与其发生冲突。士兵开枪打伤农协会员赵世昌等人，农民自卫军气愤地手持大刀长矛向前猛冲，吓得士兵随即逃窜。自卫军紧追其后，捉住了一名士兵，缴获了4支步枪。

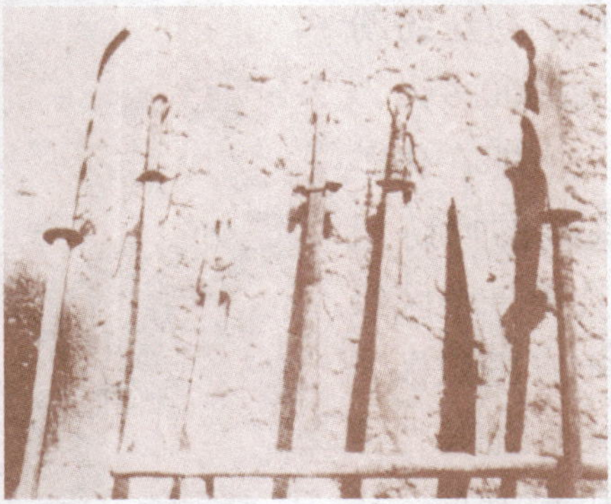

户县农民自卫军使用过的武器

何经纬对农民协会和农民自卫军的革命行动极端愤恨，但在驻陕总部支持工农运动的政治环境下隐忍不发。一天，何经纬以有要事商量为借口，派连长刘志进将薛卓茂、李艮、郑宪章3人诱骗到县城予以抓捕，

并关进监狱。县农协得知情况后，立即派人赴西安城省党部求援。省党部农民部负责人张含辉找到于右任司令想办法，于右任又请国民联军总部参谋长李兴中出面调解，从而使薛卓茂、李艮获释出狱，而郑宪章则越狱逃回。

户县农协会、国民党户县县党部办公旧址

1月26日，化羊操农民协会在庞光镇普明寺召开群众大会。该操约正邢振武却在附近街头散布谣言，诋毁农民协会，当即被农民自卫军战士余金堂、赵彦鼎抓获，押到会场。农民协会遂按照群众的要求，对邢振武进行公开审判，并根据其勾结官兵、仗势欺人、打骂群众、破坏农运等罪恶事实，判处其死刑，由农民自卫军当场执行，就地处决。

2月初，省党部农民部将李艮、薛卓茂调回西安，又派苟志新、张鹏辉、李超群、郑承文、王谦益等共产党员到户县领导农民运动。苟志新等人发展农运积极分子高望重、杨存叶、解九章等十余人入党，并相继建立了大良村、王寨村、东焦将村、西焦将村、宋村等村党支部和党小组。

当时，太平口一带匪患严重，苟志新、张鹏辉带领农民自卫军将长期在这一带打家劫舍的7名土匪抓获，并将薛占元、阎老十、陈大、陈三等4名罪大恶极者押解到王寨村进行公审，就地处决。此后不久，太平区农民协会带领二付村农民自卫军，将强占农民土地、奸淫妇女的重云寺明和尚处决，为当地群众除了一害。

2月14日，何经纬又派出百余名士兵闯入宋村催要粮款。该村农民自卫军紧急出动将其包围，并扣留了一名连长和4名士兵。后来在驻陕总部江雄风、张汉俊等人的调解下，农民自卫军才将其释放。

2月下旬，苟自新、郑承文等人在大良村建立了党支部和农民协会后，发动群众召开斗争该村乡约、劣绅马如海的大会，会场上摆放着一对铡刀，农民自卫军手持刀矛，威武凛凛地站在会场四周。马如海心惊胆战地跪在群众面前，完全丧失了往日的威风。农协在查清其贪污罪行后，当场罚大洋3000元。随后，大良村农民协会又将劣绅马海弟、解纪娃交给区农民协会进行惩处。

高望重

3月中旬，经中共陕甘区委批准，中共户县特支成立，李超群任书记，苟自新、高望重任委员，共有党员37人。同时，户县农民协会和国民党户县党部成立。高望重、李超群、苟自新等分别负责县农民协会和县党部的工作。

户县庞光镇普明寺—农协会曾在这里召开大会，处决了劣绅邢振武

户县特支和县农协成立后，继续发动群众抗粮抗款，严厉打击土豪劣绅和土匪流寇，维护社会治安，处理乡间纷争，把全县的农民运动推向了一个新的阶段。

4月16日，为了促使何经纬部参加东征北伐，不再为害户县群众，中共户县特支以县党部的名义，与县农协在县城南关举行“拥护国民军肃清后防会师中原运动”大会，全县各界群众和农民自卫军数万人参加，县长田子平和驻军师长何经纬被迫出席。李超群、苟自新、高望重在大会上先后讲话，深刻揭露并谴责何经纬部在户县盘踞不动、横征暴敛、扩充个人实力的不法行为，与会群众一致要求何经纬部早日出关东征，停止对群众的敲诈勒索。在群众强烈的呼声中，何经纬无可奈何地被迫在大会上表示，“待命出征，不再扰害百姓。”

四一二反革命政变后，何经纬开始露出了反动军人的真面目，在春荒之际，将其所征之粮转卖于市，中饱私囊。为了解决群众青黄不接的问题，李超群、苟自新、高望重等人以国民党县党部的名义向何经纬借粮。何经纬以士兵面临缺粮为借口，拒绝借粮。李超群等人以事实将其谎言戳穿后，何经纬恼羞成怒，令其爪牙包围县党部，将高望重打成重伤，勒令李超群离开县城。从此，中共户县特支负责人高望重、苟自新等人被迫转入农村活动。

5月初，苟自新、高望重带领南四操的

东索惨案发生地——户县东索村关帝庙

农民自卫军，扣压了何经纬部存放在庞光寺的数十石粮食，东索村农民自卫军又逮捕了前来侦察情况的一名何经纬部士兵，从而激起了何经纬对农民自卫军的更大仇恨。

5月11日，何经纬部营长田宏轩率领一个营的士兵包围了庞光寺，企图抓捕新阳操农协干部王谦益和县农协领导人苟自新。在抓捕行动扑空后，田宏轩率部绕道乔家庄突袭东索村农民自卫军，并将自卫军团部关帝庙层层包围。在突围战斗中，自卫军团长董新良、副团长邱累子以及自卫军战士赵蔓子、董有庆、董祥娃、董平良、罗连心、段金娃、邱堂娃等9人壮烈牺牲；战士邱彦常、石鼎铭等22人英勇负伤。农民自卫军战士的鲜血染红了关帝庙周围的大片土地。这就是军阀余孽何经纬一手制造的骇人听闻的东索村惨案。

惨案发生后，户县农民协会立即通电全国，揭露何经纬屠杀共产党人和革命群众的反革命罪行。中共陕甘区委以国民党陕西省党部的名义，在西安举行追悼户县死难农民大会，并向全国发出通电，声讨何经纬镇压农民运动的反动行径。陕西省农协筹备处发表宣言、通告，号召全省农民团结起来支援户县人民，打倒反动军人。《陕西国民日

郑承文

报》连续报道和发表文章；咸阳、长安、临潼、三原、潼关等地的农民协会纷纷召开追悼户县死难农友、声讨何经纬屠杀人民大会。在全省民众的强烈要求和社会舆论的压力下，冯玉祥将何经纬免职留任，限日东开，并令其严惩凶手。驻陕总部将户县县长田子平免职留任半年，同时发给死难者家属抚恤金每人500元，受伤者除医疗费外每人发给补助费300元。

在东索村惨案发生当天，秦镇驻军营长李子新派兵将大良村包围，逮捕了农运特派员共产党员郑承文，并于当晚将其活埋在秦镇西庵后面的菜地里。接着，何经纬不断派出兵丁，捣毁各处农民协会，抓捕农运干部，释放被农民协会关押的土豪劣绅，迫使户县农民运动转入低潮。

5月24日，何经纬又派出数名特务，将县农民协会领导人高望重杀害在王寨村的家中。农民运动特派员苟自新在户县无法立足，被迫转移到外地。中共户县特支无形解散，所属党支部和党小组停止活动，进入隐蔽状态。

# 第十三回

## 红枪会喋血凉水泉

## 农协会成立自卫军

鏊山压水出英豪，
红枪一举敌丧胆。
更有农协作后盾，
土豪劣绅如鼠窜。

盩山厔水出英男，
红枪一举敌丧胆。
更有农协作后盾，
土豪劣绅如鼠窜。

红枪会训练图

1926年初，吴新田为了配合刘镇华围攻西安，率部二次进驻周至，并且不顾人民死活，横征暴敛，向全县摊派烟（鸦片）捐500万元大洋。由于春旱，烟苗枯死，小麦薄收，农民无法缴纳税款。于是，吴新田派出军队，对无力缴纳钱款的群众拳打脚踢、鞭打绳拴、提锅拔灶、封门霸产。农民群众被逼得走投无路，纷纷成立红枪会（也称“神团”或“硬肚”）进行自卫，打击并消灭吴军的催款兵丁。特别是凉水泉、下三屯、干子河一带的红枪会，多次将催收款项的士兵打得头破血流、狼狈逃窜。吴新田部士兵受到重创，龟缩到县城和哑柏，不敢轻举妄动。

吴新田对红枪会的行动非常痛狠，决定进行报复。于是调集两个团的兵力，与哑柏、县城的兵力一起出动。6月28日、29日，辛家寨、南小寨被包围，农民红枪会成员和无辜群众遭到疯狂的大屠杀，两个村子所有的民房几乎全部被烧毁。同时，吴新田又指挥部队对凉水泉、陈公坊、西萧村等30多个村庄的红枪会进行“围剿”。红枪会战士英勇反击，顽强战斗，与吴军展开激烈的巷战。吴新田又一次命令士兵对百姓实行了惨绝人寰的烧杀政策，见房就烧，见人就杀，残酷地镇压了红枪会运动。在这次“围剿”中，吴新田部队共杀害红枪会成员和无辜百姓1500余人，烧毁房屋2800多间，在凉水泉一带，制造了骇人听闻的特大惨案。

在腥风血雨般的屠杀面前，周至农民群众并没有被吓倒，而是继续坚持战斗，终于迫使吴新田宣布免除所有烟捐。同时，在国民联军五原誓师的震慑下，吴新田收拾残部，撤离周至，仓皇逃往汉中。

西安解围后，共青团员管纯、尚崇姜、王宏德、尚武等人，以国民党周至县党部筹备处的名义，发动组织农民协会，并在红枪会的基础上组建了农民自卫军。

1927年2月，中共陕甘区委派共产党员

王雪亭回到周至，以国民党党务视察员的名义，发展党组织，开展农民运动。王雪亭先后介绍管纯、韦恕轩、王宏德入党，并与4月间成立了中共周至县支部。5月，周至县农民协会成立，管纯任农协主席兼农民自卫军总指挥。农民自卫军用红枪会时期缴获的吴新田残部和土豪劣绅的500支长枪、200支短枪、三挺机枪武装了自己，在全县建立起十多个武装据点，成为农民协会打击贪官污吏、土豪劣绅、土匪流寇的重要武装力量，为推动全县农民运动的深入发展和保护群众的生命财产安全，发挥了重要作用。

与此同时，临潼、高陵、蓝田等县的农民运动也搞得轰轰烈烈，有声有色。1926年9月，共产党员王刚军根据中共西安地委的指示回到临潼，发展党员，开展农民运动。西安解围不久，西安党团联席会议举办农民运动讲习班时，临潼又派人参加学习。1927年2月，新丰、马额等地农民协会相继成立。特别是

长安县第四区农协会印章

红枪会员肉搏图

马额区农民协会成立后，随即带领群众和农民自卫军，开展了清算民团团长党清汉、区长魏长源、劣绅陈建廷的斗争。这三人逃到县城后，农民协会派出代表追到县城，迫使县长将这三人撤职查办。此后，相桥区农民协会召开了12联48保群众大会，对联保总头目王克西进行公开清算。第二区农民自卫军将罪大恶极的土匪孟作成等人抓获，押送到县农民协会进行公审并就地处决。

1927年2月，在开展农民运动、发展党员的基础上，白文范领导成立了中共高陵支部。3月，县农民协会成立，袁鸿化任主席。随后，白文范带领广大农民协会会员，对掌管全县粮草征收大权、霸占700多亩学田河滩地的土豪劣绅、贪官污吏纪桢之，进行了多次清算，并召开群众大会进行斗争，沉重打击了纪氏父子的嚣张气焰。

1926年11月末，侯德普回到蓝田开展农民运动，并于翌年1月成立了蓝田县第一个农协和农民自卫队。他在带领农民群众打击土豪劣绅和贪官污吏的同时，组织农民协会会员禁烟（鸦片）禁赌，反对封建迷信，提倡婚姻自主。在土匪经常出没的南原一带，组织农民自卫军站岗放哨，消灭土匪，保卫群众的生命财产安全。

1927年6月下旬，冯玉祥在西安地区实行“清党”、反共，共产党员在当地无法立足，遂相继转移。各县农民协会先后停止活动，无形解散，农民运动进入低潮。虽然农民运动失败了，但这场史无前例的大革命，为中国农民登上政治舞台，提供了一次前所未有的预演机会。

# 第十四回

## 『清党』反共宁汉合流

## 工农革命进入低潮

清党反共掀逆流，
同胞手足反成仇。
腥风血雨何怀惧，
革命不怕掉头颅。

“清党”反共掀逆流，
同胞手足反成仇。
腥风血雨何所惧，
革命不怕掉头颅。

正当大革命在全国范围内迅猛发展之时，蒋介石发动了四一二反革命政变，并建立起代表大地主和官僚买办资产阶级利益的南京政府，使国共合作完全破裂。汪精卫打着“反蒋”旗号，以左派自居，取得了武汉国民政府的领导权，并与掌握军权的唐生智联手限制工农运动，把武汉政府引向了反动方面。



冯玉祥少年入伍，数十年的戎马生涯，使他亲眼目睹了军阀割据、连年混战给国家和人民所带来的灾难和痛苦，并产生了深刻的忧国忧民意识，逐步接受了孙中山的民主革命思想和主张，赞成推翻军阀和帝国主义在中国

1925年3月，孙中山在北京病逝

的统治，希望民族独立。但他又畏惧农民运动与武装力量结合，对彻底革命产生恐惧。认为“农协在党部的主持下，非常凶横不法”。因此，他率部东出潼关后，于6月4日在洛阳首先向驻陕总部转发了武汉政府关于《禁止县党部干涉行政及逮捕人民，县党部、农民协会、妇女协会停止活动》的电令。

冯玉祥

6月9日，冯玉祥在于右任等人陪同下，赴郑州与汪精卫、唐生智、邓演达举行会谈。在会谈中，冯玉祥不但对蒋介石的反共政策不发表任何看法，婉言拒绝与武汉政府共同“讨蒋”的建议，而且还希望宁、汉（南京和武汉的简称）之间停止对立，联合“北伐”。会谈结果，只是冯玉祥与汪精卫在对付共产党的态度上达成一致，并“决定一种办法”，即“限共”、“分共”。在冯玉祥对待革命和共产党人的态度发生逆转的情况下，于右任觉得回陕执行冯玉祥的“清党”、“分共”政策，将无法面对三秦父老，于是跟随邓演达、谭延闿等人前往武汉，再作打算。

刘伯坚

6月16日，冯玉祥致函蒋介石，对其反共政策表示拥护，信中写到：“惟吾兄马首是瞻”。6月18日，冯玉祥在开封训令政治部代部长刘伯坚并发出通告：不准政治工作人员进行秘密工作、不准举行秘密会议，必须绝对听从总司令（冯玉祥）的命令，如有违反者，即按反革命罪执行枪决。同时，以“反宣传及不服从命令”的罪名，下令将政治部工作人员、共产党员贾大容、荣洁义“开除严押”。

6月19日，冯玉祥赴徐州与蒋介石、李烈钧、白崇禧等人会晤。在蒋介石“物质援助”的拉拢下，冯玉祥更加坚定了追随蒋介石反共的信念。双方磋商结果，决定蒋介石、冯玉祥于21日联名通电全国，表示要为“三民主义”共同奋斗。这一通电标志着冯玉祥、蒋介石反共联合战线的完全形成。

1927年5月，西安各界群众在红城广场声讨蒋介石背叛革命

同时，在蒋介石的促使下，冯玉祥致电武汉政府的汪精卫、谭延闿、孙科、宋子文、何香凝等人，劝他们与共产党决裂，将苏联顾问鲍罗廷等人遣送回国，严格限制共产党活动，宁、汉联合，继续“北伐”。因此，徐州会晤不仅巩固了蒋介石反革命军事政治集团的统治地位，而且也加快了汪精卫公开反共的步伐。

徐州会晤后，冯玉祥回到开封，首先解散了共产党员占绝对多数的前敌政治工作团，同时对军中所有的共产党员一律发给路费，并用铁路专列运送至国民联军辖区之外、豫鄂交界处的鸡公山车站，令他们下车后自谋出路。因此，刘伯坚、邓小平等一批共产党员下了火车之后，就近前往武汉中共中央驻地。邓小平、刘伯坚等人，参加了不久之后在武汉召开的中共中央八七会议。

6月25日和28日，冯玉祥连续电令驻陕总部，要求将国民党省、市、县党部一律解散，各群众团体立即停止活动；不准共产党员跨党加入国民党，跨党共产党员一律解除职务开除党籍；不准以共产党名义进行活动，也不准借国民党名义做共产党工作，违者按反革命条例治罪。同时，他下令解散驻陕总部，成立陕西省政府，“并派石敬亭代理主席”。

7月15日，汪精卫在武汉主持召开国民党中央会议，决定同共产党实行彻底决裂，并与南京政府合为一体。史称“七一五宁汉合流”。随后，武汉政府对共产党员和革命群众实行大逮捕、大屠杀。至此，国共合作的国民革命宣告彻底失败。

7月16日，留守西安的国民联军总参谋长、陕西省政府代理主席石敬亭通令各机关、各县长，火速执行“共产党员不准跨党，共产党跨党领导人一律解除职务、开除党籍、严密监视，不准共产党员进行一切活动”的三项禁令，并呈报冯玉祥“结束”驻陕总部。7月18日，石敬亭通电就任陕西省政府主席，并在陕西开始捕杀共产党员和革命群众。继史可轩、刘含初等共产党人惨遭杀害后，户县大良村农运骨干李金山、刘三万、余得水等三人被捕遇难，临潼党支部委员王刚军被捕，高陵党组织和农协负责人白文范、宋林昌被捕牺牲。

白文范

西安党组织创始人之一魏野畴，于1927年8月应杨虎城邀请，赴安徽太和县任第十军政治部主任；1928年4月9日，他在领导皖北暴动中牺牲。党组织创始人之一雷晋笙，在冯玉祥“清党”后，赴武汉、河南、山东等地从事党的工作，历任

# 西安九烈士

李嘉谟

校明济

任 醴

方鉴昭（女）

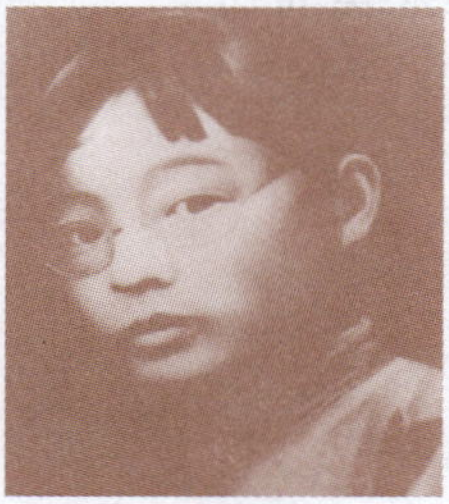
徐九龄（女）

王德安

王文忠

冀月亭

李维俊

河南和山东省委秘书长，1930年1月在济南被捕，1931年4月5日在济南被杀害。

1928年初，设在西安莲寿坊8号院的中共陕西省委机关遭到陕西反动当局的破坏，共产党员李嘉谟、校明济、任醴、方鉴昭、徐九龄、王德安被捕。他们与在渭南被捕的共产党员王文忠、冀月亭、李维俊等，于1928年6月17日同时在西安北门外被反动派活埋，成为著名的西安九烈士。

与此同时，关中其他各县的党员和群众，也先后遭到逮捕或杀害。然而，共产党人是杀不绝的，革命群众是吓不倒的，他们揩干身上的血迹，掩埋了同伴的尸体，踏着烈士的足迹，在革命道路上继续前进。

# 第十五回

## 八七会议挽救革命
## 武装暴动遍及关中

八七会议挽狂澜，
武装反抗迎挑战。
三秦儿女为壮志，
革命路上永向前。

八七会议挽狂澜，
武装反抗迎挑战。
三秦儿女多壮志，
革命路上永向前。

大革命失败后，国内政治形势发生了逆转，反革命势力大大超过了革命力量，中国共产党领导的人民革命斗争，进入了最艰苦的年代，这就是土地革命战争时期。1927年8月1日，共产党领导的南昌起义，打响了武装反抗国民党反动统治的第一枪，用血与火的语言，宣告了中国共产党人不畏强暴、坚持革命的坚强决心。

为了解决大革命失败以后中国革命的出路问题，中共中央于8月7日在汉口召开了紧急会议，史称八七会议。会议纠正了右倾机会主义错误，总结了大革命失败的教训，确立了武装反抗国民党反动派、发动武装起义的方针。

农民暴动图

9月上旬，中共陕西省委常委李子洲带着八七会议的文件从汉口回到西安后，立即召开省委扩大会议进行传达，并根据八七会议精神，指示党的各地组织，发动农民暴动，开展游击战争，从部分地区的局部暴动，过渡到全省的总暴动。

根据省委指示精神，中共长安县委于1928年1月，在咸阳老爷庙成立了暴动委员会，李艮任总指挥。随后，长安县委组织了30多人的暴动队。在李艮、杜松寿、刘问津、张新法等人带领下，先后处决了长安县五楼廒庆镇村反动豪绅王德芳、灵感寺和尚祖恒。5月16日，李艮等人发动100多名青壮年农民，举行了咸长暴动。他们带领武装农

长安县第五区农运讲习所旧址—郭村宫

民冲进咸阳马家寨恶霸地主白辛太的家中，处决了白辛太的三个侄子，烧毁了账簿、契约、文书等。随后，李艮、杜松寿等人又带领武装人员，先后捣毁了五楼、三桥等地廒公所，处决了反动廒丁，震慑了反动当局。

同年4月至5月，在中共陕西省委的领导下，关中地区先后暴发了麟游起义、三原“交农”运动与围城、泾阳“交农”运动与围城、礼泉起义、旬邑起义、淳化起义、永寿“交农”运动、澄城起义、渭华起义等十多次农民武装斗争。特别是渭华起义，在许权中第三旅的武装支持下，建立了区、乡苏维埃政权和陕东赤卫队，成立了工农革命军，创建了以渭南塔山为中心的约200平方公里的红色割据区。但是，在强大的反动军事力量的镇压下，渭华起义于8月间失败。

同年6月，高陵县党组织负责人白文范等人，带领武装群众冲进南马村恶霸地主纪桢之的家中，纪桢之闻讯出逃，愤怒的群众放火烧毁了纪家的房屋。

1929年11月，中共周至县委书记陈云樵，在周至、户县交界一带发动农民抗粮抗捐，并在原来农民自卫军的基础上，建立农民武装。12月中旬，国民党周至县党部派出警察，在县城以东临川寺一带催粮要款，殴打群众，激起民愤。周围武装农民闻讯赶来，与警察、团丁展开搏斗。群众越来越多，警察和团丁难以招架，遂仓皇向终南镇逃去。在牛子皋、贺吉祥、陈桂、周七等人的率领下，群众队伍追赶到终南镇后，与共青团员晁萃率领的农民队伍会合。于是，两支农民队伍揭竿而起，于当晚攻克周至县城，并缴获了一批枪支弹药，县长杨增润率领县警察局的警察逃到了哑柏镇。第二天，陈桂等人率领200多名农民武装前往哑柏镇追捕，县长杨增润又逃往眉县，中途被陈其武率领的眉县农民武装俘获。

农民起义武装占领周至县城后，于第二天又向户县进发，并连夜攻占了户县县城，消灭100多名敌军，缴获一批武器弹药。两天后，冯玉祥派部下旅长门治中率部“进剿”，农民起义军被迫撤离县城，起义失败。

李萃亭

1930年1月，中共陕西省委又派陈云樵、李特生、吴焕然、张居仁等人，联络周至、户县、兴平、武功、眉县等地武装农民2000多人、200多支枪成立暴动队，分为5个支队和一个大队，并在总指挥兼政委陈云樵的率领下，组织第二次武装攻打周至县城。由于县城驻军增加，农民起义军武器弹药不足等原因，连续多次攻打均遭失败。农民队伍在撤退时，又遭到国民党军队的追剿，损失惨重，并分别撤退到南山、渭北等地，无形解散。

同年9月，中共蓝田县特支根据省委决定，发动红枪会和农民群众1000余人举行了蓝桥暴动，并消灭了国民党蓝桥驻军刘汉三营。后来在国民党反动军队的疯狂反扑下，蓝桥暴动失败，共产党员杨珊、杨森等人先后被捕。

1932年9月，户县王过村青年农民李希平，秘密联络蒋村青年李向南、韩村青年李志廉、千户村青年王占胜等人，在李萃亭的

中共周户地下党活动据点——甘西小学旧址

建议下，率领70多名青年农民发动暴动，捣毁了祖庵区公所，处决了区长、副区长、保安团长、催粮委员等五名贪官污吏，用缴获的枪支建立了农民武装。年底，在周至县保安大队的“围剿”下，这支武装起义队伍解体。

1933年初，中共户县县委在原先武装斗争的基础上，组建了中国工农红军秦北游击队，在户县、长安、周至等边界地带开展武装斗争。同年10月，由于队长王占胜和县委书记宋裕光先后被捕，游击队被迫停止活动，宣告解散。

1928年春至1930年秋，关中地区先后遭受旱灾和蝗灾，庄稼三年六料颗粒未收，真可谓哀鸿遍野，饿殍载道。据有关资料记载，长安县有3.8万人被饿死、1.6万人外逃；户县有5万人被饿死、1.8万人外逃；周至县有5.3万人被饿死、1.5万人被拐卖、3000多人外逃。高陵是个仅有3万多人的小县，也有9000多人被饿死、7000多人外逃，饿死和逃亡人数占到了全县总人口的一半。然而，国民党统治当局不但不体恤民情，减税免粮，反而变本加厉地搜刮民脂民膏，引起人民的强烈不满。在各地党组织发动武装暴动的同时，户县、高陵等县党组织相继发动农民群众扛上铁锹、锄头等劳动工具赴县城请愿，开展“交农”运动。特别是高陵两万多农民在张策、王步瀚等人领导下，先后进行了三次声势浩大的“交农”活动。在县城城门紧闭、群众被手榴弹炸死炸伤的情况下，“交农”群众不但不退缩，反而放火烧毁城楼，极大地显示了农民群众英勇无畏的斗争精神。

在“交农”运动失败后，张策、许宗岳又领导高陵的党团员在全县开展了“红色恐怖”和“冲锋月”活动。在县城内外到处撒传单、贴标语，用粉笔写标语，甚至砍电杆、剪电线，破坏反动当局的通讯设施。这种左的做法，在一定程度上暴露了党员和党的组织，有失妥当。但在客观上打击了反革命势力的嚣张气焰，震慑了反动派当局，鼓舞了人民群众的革命斗志。

# 第十六回

## 日寇侵占东北三省
## 西安兴起救亡运动

日寇侵占我河山，
民族安危一线悬。
抗日救亡掀巨浪，
长城内外烽火燃。

日寇侵占我河山，
民族安危一丝悬。
抗日救亡掀巨浪，
长城内外烽火燃。

西安各界群众举行示威游行

正当农村武装斗争此起彼伏地开展之时，1931年9月18日，日本驻中国东北的关东军，自行炸毁沈阳北郊柳条湖附近南满铁路的一段路轨，反诬中国军队进行破坏，并以此为借口，突然袭击中国军队驻地北大营和沈阳城，发动了旨在侵占整个东北的九一八事变。

在国家民族危亡之际，蒋介石统治集团采取“攘外必先安内、统一方能御侮”的不抵抗政策，电告东北驻军，“为免除事件扩大起见，绝对抱不抵抗主义”。在此后的短短4个月内，东北三省的大好河山完全处于日本帝国主义侵略者的铁蹄之下。东北三省的沦陷，强烈地震动了中国社会，各阶层爱国人士无不痛心疾首，义愤填膺，一个群众性的抗日救亡运动在全国城乡很快兴起。

在党组织领导下，西安各界群众纷纷成

西安各界群众举行抗日集会

立反帝大同盟、反日救国会等，开展反日救国运动。9月27日，西安各界群众六万多人集会，强烈要求国民政府立即对日宣战，把侵略者赶出中国；惩办贻误外交的政府外交部长王正庭，严惩丧失国土的东北军首领。10月7日，学生反日救国会派出代表到陕西省政府请愿，要求恢复学生运动和民众运动，给学生配备武器并进行军事训练，实行对日作战。10月15日，陕西民众反日救国会派出检查队协同工商界爱国人士，对市面的日货进行查收，同时致电津、沪商界阻止日货输入国内。此后，西安各界群众的反日救国活动一浪高过一浪，接连不断。

1932年4月25日，国民政府委员、考试院院长戴季陶到西安进行西北开发的调查，并在民乐园礼堂向3000多名学生演讲。在演讲中，戴季陶竭力为蒋介石“攘外必先安内”的投降政策进行辩解，肆意污蔑共产党的抗日主张，从而引起学生的强烈不满。学生气愤地将其轰下讲台，赶出礼堂。当局出动大批军警前来镇压，学生更加气愤，掀翻并烧毁了戴季陶乘坐的汽车。26日，各校学生上

西安学生上街请愿

西安学生请愿后离开南院门

街游行，抗议政府破坏抗日、镇压学生爱国活动的恶劣行径，又遭军警镇压。十多名学生受伤，五十多人被捕。于是，各校学生在党组织的发动下，罢课、游行，迫使当局释放了被捕学生。

1933年5月，冯玉祥和共产党员吉鸿昌、许权中等，在张家口建立抗日同盟军，兵分三路向日军发动进攻。经过艰苦卓绝的激战，付出了巨大牺牲，并在不到一个月的时间内，终将日本侵略军驱逐出了察哈尔全境，戳穿了“日军不可战胜”的神话。西安各界群众得到消息后抗日情绪更加高涨，一面欢庆胜利，一面为抗日同盟军募捐，并派团前往慰问。

1935年5月，日本帝国主义又制造了华北事变，妄图把华北变成第二个“满洲国”。8月1日，中共中央发表《为抗日救国告全体同胞书》，史称《八一宣言》。呼吁全国各阶层、各党派、各军队团结起来，停止内战，一致抗日。11月13日，中共中央又发表了《为日本帝国主义并吞华北及蒋介石出卖中国宣言》。为了贯彻党中央的两个

《宣言》精神，12月9日，北京学生一万多人在中共北方局的组织领导下，举行了大规模的抗日示威游行，要求政府停止内战，一致抗日。北京学生的爱国行动遭到军警镇压，数十名学生被捕。史称“一二·九运动”。

12月16日，西安高中、西安师范、西安女子师范、省立二中等学校学生组织上街游行，支持、声援“一二·九运动”，要求释放被捕学生。此后，学生们又连续集会、游行，同时通电全国，痛斥国民政府卖国行径，揭露日伪政权卖国求荣的丑恶嘴脸，抗议日军侵占华北的罪行。

西安学生纪念一二·九运动一周年

中华民族解放先锋队总队赴陕人员

1936年4月，负责中共西安学生支部和学生运动的姚权被捕叛变，导致大批党团员和进步教师、学生被捕，给蓬勃发展的抗日救亡运动造成巨大损失。

同年6月，中共西北特别支部负责人谢华、徐彬如、韩兆鹗、童陆生、宋绮云、王根僧、金闽生等联络西北各地群众组织，在西安成立了西北各界救国会（简称“西救”）。9月，中华民族解放先锋队（简称“民先队”）全国总队部委派敖白风等人到西安，发展民先队员，成立了西安队部。10月，车向忱、宋黎、刘澜波等东北军工委负责人，在西安成立了旨在“以团结民众互助互济、抗日救亡、收复失地、扩大民族解放”的东北民众救亡会（简称“东救”）。在此之后，西安学生救国联合会、教职员联合会、妇女联合会、工商界联合会等抗日救亡组织相继成立。

同年年底，傅作义领导的长城抗战爆发，“东救”“西救”“民先”“学联”等抗日团体纷纷致电慰问，表示坚决支持。同时，西安各救亡团体联合在一起，在西安开展了大规模的宣传、募捐活动，并派出宣传慰问团赴绥远抗日前线慰问、宣传，将西安地区的抗日救亡运动推向了高潮。

# 第十七回

## 工农红军战略转移
## 长征经过西安地区

抗日救亡任在肩，
红军不怕远征难。
长征万里抗倭寇，
足迹长留终南山。

抗日救亡任在肩，
红军不怕远征难。
长驱万里抗倭寇，
足迹长留终南山。

徐向前

在国家民族危难之际，蒋介石调集百万兵力，对中央苏区实行第五次“围剿”。在王明“左”倾机会主义干扰下，中央红军苦战一年，损失惨重，被迫突出重围，实行战略转移。1934年10月，中央红军以北上抗日的名义，开始了举世闻名的二万五千里长征，创造了人类历史上的奇迹。

早在1932年10月，由于蒋介石数十万军队的“围剿”，红四方面军主力2万多人，在总指挥徐向前、政委陈昌浩的率领下，撤离鄂豫皖革命根据地，越过京汉铁路向陕西南部实行战略转移，于11月5日进入陕西境内。11月下旬，红四方面军到达柞水县后准备西进，突遇胡宗南部的围追堵截，遂于24日冒着严寒、翻越海拔2600多米、覆盖着冰雪的终南山，分别从蓝田县的汤峪、长安县的库峪北出秦岭，抵达塘子街、胡留村一带。

陈昌浩

中共陕西省委得到红军进入陕南的消息后，于11月21日公开发表了《为欢迎红四方面军来陕宣言》和《为红四方面军来陕告士兵警察书》，号召全省贫苦农民武装起来拒缴租、不纳捐，工人罢工、不替国民党反动派造枪炮，知识分子罢教罢课迎接红军到来，广大青年到红军中去，号召国民党士兵、警察不要为反动派当炮灰，应当为自己找出路、发动兵变、参加红军等等。

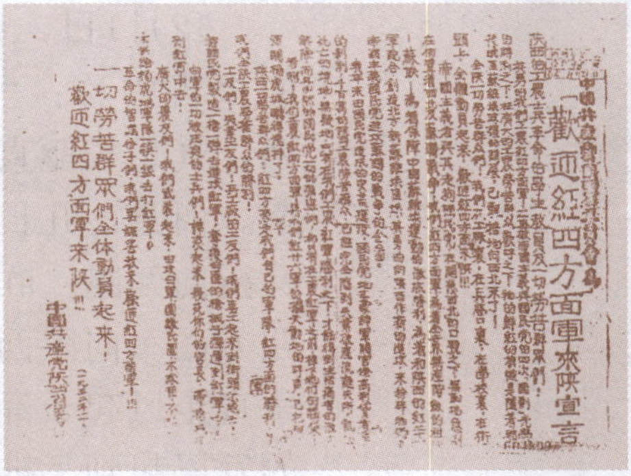
歡迎紅四方面軍來陝宣言

一切勞苦群眾們全体動員起來！
歡迎紅四方面軍來陝！！！
中國共產黨陝西省委

《为欢迎红四方面军来陕宣言》

红四方面军进入关中后，沿着秦岭北麓西进，先后经过长安境内的太乙、五台、王曲、子午、内苑、沣峪、祥峪一带，威逼西安。西安的国民党驻军慌忙前往五台、王曲、内苑一线进行围追堵截，均被红四方面军打得落荒而逃。

11月26日，红四方面军进入户县，又在焦将、庞光一带将尾追之敌击溃。第十一师师长李先念在战斗中负轻伤。11月28日，红四方面军冒着风雪经马家河、朱家堡、石井村等地，进入周至县殿镇宿营，29日到达马召一带集结。12月3日，红四方面军从马召镇辛口子进入秦岭，经厚畛子、老县城进入陕南，开辟川陕新的革命根据地。

李先念

12月1日，中共陕西省委在给中共中央的报告中称："红四方面军由湖北进攻陕西，真是长驱直入，所向无敌。他们经过商南、商县，几日前直抵西安城外十余里，现又折向西路，昨天到达户县、周至。""红四方面军向陕西的胜利进攻，使各地农民斗争直至风起云涌的形势"，对陕西革命斗争的发展起到了推动作用。

红军纪律严明，秋毫无犯。每到一地总是露宿街头，不但不打扰百姓，还主动为群众挑水、劈柴，送寒问暖。红军沿途打击土豪劣绅、恶霸地主，将其粮食、食盐、衣物等分给贫苦百姓，并从中得到粮饷、衣物的补充。红四方面军在西安地区的十多天时间里，每到一地，就在村镇的墙壁上刷写标语，向当地群众宣传红军的宗旨、性质，党的政策和主张。

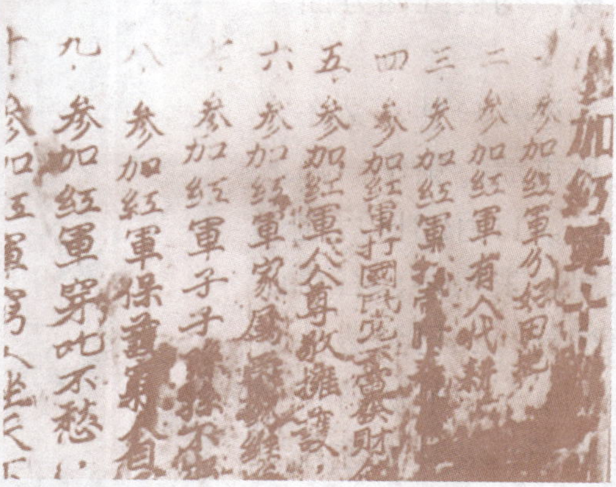

红军留下的标语

军爱民，民拥军。红军所到之处，群众总是热情地把红军接到家中，为其缝补衣服，碾米磨面。户县焦将村的共产党员刘生玺、刘秉三等人，为徐向前、陈昌浩提供当地党组织的情况和敌军动向，将

38名红军伤病员隐藏在一个庵庙里，请来黄柏坡的老中医沈兴太进行诊治，并设法购买药品，精心护理，最终使其全部伤愈归队。

红军战士王鹤云因腿部伤口恶化掉队，从化羊村爬到五庄朱雀寺，寺内的万大娘将其背到后殿隐藏、养伤，后被炉丹村王忠堂收养为义子。庞光镇关振凯将因病掉队的红军战士张绍基收留了三年，使其于1935年7月，跟随红二十五军长征到达陕北。建国后，张绍基任河南省军区副司令员后，曾专程到户县看望关振凯和乡亲，并与关振凯一家长期保持着密切的信函往来。

红军战士朱华国、胡建余、户县子（因其居留户县而改名）等，皆因伤病分别被王寨村赵履祥、丁克俭和胡家庄胡三收养，病愈先后归队。有一名红军小战士因受伤留在化羊庙内，村民崔庚礼、崔彦邦精心照料，但终因伤势恶化而光荣牺牲。村民们又买来芦席等物，隆重地将其安葬。

1934年12月8日，红二十五军在政委程子华、军长吴焕先、副军长徐海东的率领下，以北上抗日第二先遣队的名义，从河南省罗山县出发，奉命向西实行战略转移，进入陕西庾家河地区。以徐宝珊为书记的中共鄂豫皖省委随军行动。12月10日，豫鄂皖省委在庾家河召开扩大会议，决定在鄂豫陕边界地区创建新的革命根据地，并将鄂豫皖省委改为鄂豫陕省委。

1935年2月初，红二十五军主力之一部，经柞

程子华

吴焕先

徐海东

水县的蔡玉窑、曹家坪进入蓝田，消灭了葛牌镇的反动民团。2月5日，又设伏于文公岭，全歼尾追之敌——国民党军队42师116旅的两个营。随后，红军发动群众，在蓝田县建立了西安地区的第一个红色政权——葛牌镇区苏维埃政府，农民积极分子田银斗担任主席，张步赢、杨印堂、王景云等担任委员。区苏维埃政府的管辖范围包括蓝田县葛牌、草坪、玉川、蓝桥、红门寺，商县秦岭口、西牛槽，柞水县万灯寺等八个乡镇，294个自然村，面积765.3平方公里，人口5.34万，耕地8.76万亩。

葛牌镇区苏维埃政府建立后，首先组建了一支300余人的赤卫队，开展游击战争，维护地方治安，并先后镇压了区联保主任鲍学义，劣绅周文郁、贾奎、王吉安等，没收了财主、大户家的粮食、衣物等分给贫苦百姓。

7月12日，红二十五军根据鄂豫陕省委指示，经蓝田县石嘴子、后更子北出秦岭，攻占焦岱镇，转入外线行动。13日，沿秦岭北麓西进，在长安引镇、子午镇一带活捉了民团团长赵树生、厘金局长宋运生等，并将当地土豪劣绅的粮食、财物分给群众。

7月14日，红二十五军到达沣峪口，前锋直抵杜曲、韦曲一带，西安当局大为震惊。正准备开往天水的东北军51军当即停止调动，留守西安。城内一些大财主、大资本家，也纷纷准备外逃。

葛牌镇区
苏维埃政府旧址

7月15日，原鄂豫皖省委交通员石健民从上海到达西安后，奔赴长安子午镇鄂豫陕省委驻地，传达中央有关指示精神。当晚，鄂豫陕省委在沣峪口村的老爷庙内召开紧急会议，根据中央文件精神、中央红军和红四方面军会师川西北上的情况，以及当地报纸所提供的消息决定，“二十五军到陕甘苏区，会合红二十六军，争取陕甘苏区的巩固，集中力量，以新的进攻策略消灭敌人，直接有力地配合红军主力，创立新的伟大红军与准备直接同帝国主义作战的阵地。”这次会议，史称“沣峪口会议”。

7月16日，红二十五军经高冠峪口进入户县，沿着草堂营、高力渠、焦将村、曹家堡、洛家庄等地，到达上涧子村宿营两天。军部驻在村子的天主教堂里，鄂豫陕省委代理书记、二十五军政委吴焕先在教堂内起草

沣峪口紧急会议旧址

了《关于建立鄂豫陕苏区工作情况和问题给中央的报告》。

7月18日，红二十五军离开户县，进入周至，经集贤到达殿镇、楼观。20日进驻马召，并在黑峪口设伏，消灭了尾追之敌。22日，红二十五军兵分两路，分别从辛口子、西骆峪进入秦岭，在陈家河会合后，经厚畛子、西江口进入甘肃。又经两当、泾川等地，于9月15日到达陕北永坪，与刘志丹领导的红二十六师胜利会师，为迎接中央红军长征到达陕北提供了有利条件。

红二十五军在长征途中，宣传党的抗日主张，打击土豪劣绅，并将其粮食、财物赈济群众。处决了上涧子村曾抢夺红四方面军掉队战士枪支的童志强、罪大恶极的豪绅刘志仁、萧延子、张再娃等。

红二十五军从沣峪口出发，西征北上

红四方面军和红二十五军长征途经蓝田、长安、户县、周至4县，在终南山下留下了永不磨灭的足迹。

# 第十八回

## 反对内战争取抗日
## 西安事变转换时局

山河破碎狼烟急，
两党共商救国急。
统一战线是方向，
反对内战同抗敌。

山河破碎狼烟急，
男儿空有报国志。
统一战线是方向，
反对内战同抗敌。

十七路军设在城墙上的防空阵地

红军长征，粉碎了国民党几十万军队的围追堵截，翻过终年冰封的雪山，走过人迹罕至的草地，行程两万五千余里，于1935年10月19日，到达陕北吴起镇与陕北红军会师，宣告长征胜利结束。11月，蒋介石调集张学良东北军和杨虎城十七路军共5个师的兵力，向陕北发动进攻，企图消灭红军。中共中央毛泽东等人运筹帷幄，将红一军团和红十五军团埋伏在直罗镇附近，以诱敌深入的战略战术，一举消灭了109师和106师的一个团，取得了直罗镇战役的重大胜利，为中共中央把中国革命的大本营放在西北，举行了一个奠基礼。12月，中共中央在瓦窑堡召开政治局扩大会议，提出了建立广泛的抗日民族统一战线的政策策略，并开展了争取东北军、十七路军停止内战，合作抗日的工作。

担任“西北剿总”代理总司令的张学

张学良

良，原指望通过“剿共”的胜利来取得蒋介石的信任，以便扩充实力，等待机会打回东北老家。但在9月、10月、11月的崂山、榆林桥和直罗镇战役中，东北军连连败北，被红军歼灭了近3个师。一个师长阵亡，一个师长被俘，七个团长或阵亡或被俘，这是东北军历史上不曾有过的惨重损失。国民政府对其损失不但不予补充，反而撤销了109师和110师的番号，并减发军饷。张学良、杨虎城及其他将领，从失败的教训中认识到，赢得人民拥护的红军是打不垮的，剿不灭的。“剿共”不但没有出路，而且兵力也必将消耗殆尽。这种不争的事实，迫使他们寻求一条新的出路。

1936年1月，在榆林桥战役中被俘的东北军619团团长高福源，经过“东北军军官政治学习班”的学习后，主动要求并带着毛泽东、周恩来的亲笔信回到洛川面见张学良，向张学良转交了信件并陈述了在红军中的见闻。张学良看过信后，派高福源再到瓦窑堡，约请中共代表到洛川相见。

2月21日，中共中央根据张学良的要求，派出李克农、钱之光等5人在高福源的陪同下，前往洛川会见了第六十七军军长王以哲，并就停止内战、联合抗日的问题初步交换了意见，达成了局部停战的协议。

杨虎城

3月3日，张学良飞抵洛川与李克农会谈。根据会谈结果，周恩来、李克农，于4月9日在延安的一个天主教堂里，与张学良进行了彻夜长谈，双方就停止内战、组织国防政府和抗日联军、贸易通商等问题达成协议。在此之后，张学良又通过抗日民主人士李杜，邀请中共党员刘鼎常驻西安，以便与中共保持经常性的联系。

杨虎城是孙中山资产阶级民主革命时代的一员骁将，长期与共产党及其党员魏野畴、南汉宸等保持着联系。1931年后，他担任了西安绥靖公署主任、陕西省政府主席等重要职务，在陕西及西北地区有着重要的影响力。在以他为总指挥的十七路军中，南汉宸、张汉民、王泰吉、许权中、阎揆要等一批共产党员担任着旅长、团长等职务。《八一宣言》发表后，杨虎城十分赞同，并通过南汉宸表示愿与陕北方面建立联系。

1935年12月，汪锋持毛泽东、彭德怀的亲笔信来到西安，与杨虎城就联合抗日等问题多次进行会谈。1936年2月，中共中央北方局应邀派王世英赴西安，就互不侵犯、互派代表、建立交通站等问题与杨虎城进行了商谈。同年夏，中共驻共产国际代表团，将王炳南从法国派到杨虎城部开展工作。同年8月，毛泽东又派秘书张文彬到西安，就互

不侵犯、取消经济封锁、建立军事联络等事项与杨虎城达成最终协议。此后，张文彬作为红军代表常驻西安。

与此同时，中共中央还十分重视东北军和十七路军之间的团结，并通过高崇民、王菊人、申伯纯等民主进步人士，疏通张学良与杨虎城的关系，消除误会、隔阂，使红军、东北军、十七路军三方之间相互信任、互相团结，从而在西北地区首先实现了停止内战、联合抗日的局面。

1936年12月初，中共东北军工委和中共西北特支，决定利用纪念一二·九运动的机会，由“东救”“西救”出面，发动学生请愿，反对内战、要求抗战。12月9日，以西安大、中、小学学生为主体的各界群众2万余人，举行了盛大的一二·九运动一周年纪念大会，发表了《为督促政府动员全国兵力抗日、停止内战的宣言》，会后进行了示威大游行。游行队伍呼喊着“拥护蒋委员长出兵收复国土”“拥护张副司令出兵收复东北失地”“拥护杨主任出兵援绥抗日”等口号，先后到国民党陕西省党部、省政府、绥靖公署等处递交请愿书，请求国民政府停止内

西安各界群众举行武装示威大会，要求抗日

战，一致抗日。

国民党陕西省党部不但不支持学生的正义请求，反而出动宪兵、警察进行镇压，并开枪伤及学生。游行群众义愤填膺，遂向临潼华清池蒋介石行宫前进、请愿。蒋介石闻讯后立即电令张学良进行制止，对不听劝阻者“格杀勿论”。同时令宪兵在灞桥设置路障，架起机枪，对付手无寸铁的学生。

张学良接到命令后，驱车赶到东郊十里铺游行队伍的前面进行劝阻。他以天色已晚、路途不安全为由，请学生返回城内。游行学生义愤难当，强烈要求向蒋委员长请愿，表示不见委员长，决不回去。张学良被学生的爱国热情所感动，遂登上一个土堆，站在高处向学生们深情地说：你们的要求，就是我的要求，也许我的要求比你们还迫切；请大家相信，我无时不挂记收复东北失地；我张学良是国家军人，决不辜负你们的救国心愿，一定转呈蒋委员长，决不欺骗大家；一个星期之内，我以事实作回答，请同学们回吧。学生被张学良的慷慨陈词所说服，于是高唱救亡歌曲返回西安城中。

西安事变指挥部——杨虎城公馆

张学良将学生劝告回城

后，随即赴临潼向蒋介石报告学生请愿情况，再次陈述停止内战、一致抗日的主张。蒋介石不但不听，反而训斥张学良说："你到底代表学生还是代表我？对于那些青年，除了用枪打是没有办法的。"

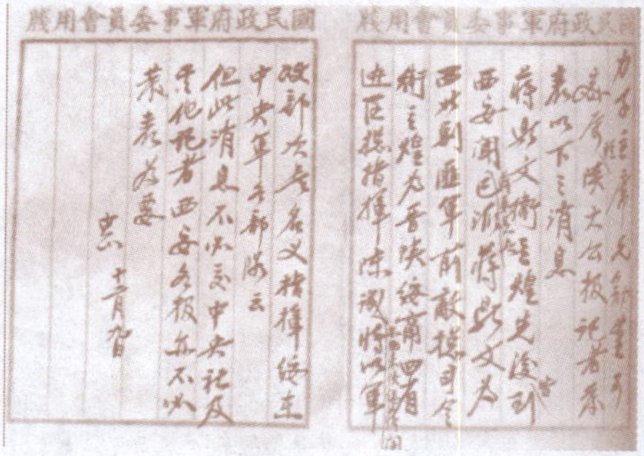
國民政府軍事委員會用牋
國民政府軍事委員會用牋

蒋介石准备解除张杨职务的手谕

12月11日，蒋介石在临潼华清池召开军事会议，决定12日颁布第六次"剿共"总攻击令，如果张、杨不服从命令，就解除职务；同时按照名单，逮捕东北军和十七路军中的共产党员。在这千钧一发之时，张学良连夜驱车返回西安，直奔止园与杨虎城商议，并决定即刻发动"兵谏"，随即分头进行准备。

张学良回到新城大楼后，在会议厅召开紧急会议，宣布举行"兵谏"，51军军长于学忠、57军军长缪徵流、67军军长王以哲、105师师长刘多荃、政训处长卢广绩、抗日同志会书记应德田、卫队二营营长孙铭九等人参加。会议决定由刘多荃担任总指挥，129师师长周福成担任外线指挥，以两个团的兵力部署在华清池外围，防止蒋介石侍卫队突围；105师第二旅旅长唐君尧为内线指挥，负责王玉瓒卫队一营、孙铭九卫队二营

西安事变中被扣留的飞机

拘捕蒋介石的具体工作。

杨虎城也在止园召开紧急会议，宣布配合东北军发动“兵谏”，17师师长孙蔚如、51旅旅长赵寿山、警备二旅旅长孔从洲、绥靖公署参谋长李兴中等人参加。会议决定由赵寿山任总指挥，孔从洲负责解除宪兵、警察、保安团以及西郊机场驻军的武装，特务营营长宋文梅负责扣留住在西京招待所的陈诚等南京大员和省政府主席邵力子，炮兵团负责陇海铁路和西安车站方面的警戒，警备3旅负责西安外围的安全。

会后，张学良、杨虎城安排黎天才、卢广绩、王菊人等起草“兵谏”通电，并在新城大楼坐镇指挥。12日凌晨，一场震惊中外的西安事变爆发了。

# 第十九回

## 中共代表多方斡旋
## 西安事变和平解决

西安兵諫驚天地，
八項主張揚正氣。
中共代表巧斡旋，
內戰以了成抗日洽。

西安兵谏惊天地，
八项主张树正气。
中共代表巧斡旋，
内战吟成抗日诗。

护送蒋介石的车队

话说东北军按照张学良的部署，周福成指挥外线，消灭了临潼华清池外围的宪兵。当唐君尧指挥王玉瓒、孙铭九率兵进入五间厅时，与蒋介石的侍卫队发生了激战。下榻五间厅的蒋介石被枪声惊醒后慌忙起床，在侍卫官竺培基、施文彪和侍从蒋孝镇的帮助下，翻过围墙爬上后山躲藏。在消灭了侍卫队后，营长王玉瓒、连长王世民等立即进入五间厅蒋介石的卧室，发现衣帽、假牙尚在，被褥犹温，人却不知去向，遂用电话向张、杨汇报了情况。张、杨下令，立即搜山，确保蒋委员长的安全，否则军法从事。刘多荃、唐君尧立即指挥部队上骊山进行搜索。这时天色已亮，卫队一营手枪排班长刘允政、翟德俊等人在半山腰发现石缝中有人，于是大喊："什么人？赶快出来，要开枪啦！"蒋介石随即走了出来。刘多荃遂将情况报告张、杨，并按指示将蒋委员长背扶下山，护送到西安城中。

与此同时，十七路军亦按照杨虎城的部署，赵寿山指挥各部在西安城内、城外同时行动，按计划扣留了南京大员、省主席邵力子和西郊机场的数十架飞机，解除了宪兵队、警察局和保安团的武装，控制了城内外的局势，保证了正常的秩序。

随后，张学良、杨虎城联名通电南京政府及全国，称：蒋委员长"弃绝民众，误国咎深"，因此对其"为最后之诤谏，保全其安全，促其反省。"又在报纸上发消息称：兵谏之后，第一，为停止内战已将委员长妥为保护，促其省悟；第二，已通电全国，要求政府立即召集救国会议；第三，已请南京

参加事变的部队正在搜山

政府释放一切政治犯；第四，此后国是完全决诸民意，容纳各党各派人才共负救国责任。

同时发表八项主张称：一、改组现在南京政府，容纳各党各派人才共同负责救国；二、停止一切内战；三、释放上海被捕之爱国领袖；四、释放全国一切政治犯；五、开放民众爱国运动；六、保障人民集会结社一切之政治自由；七、确实遵行孙总理遗嘱；八、立即召开救国会议。史称以上八条为“八项救国主张”。

当天，张学良还致电中共中央周恩来周志称：“吾等为中华民族及抗日前途利益计，不顾一切，今已将蒋介石及其重要将领陈诚、朱绍良、蒋鼎文、卫立煌等扣留，迫其释放爱国分子、改组政府，兄等有何高见速复，并望红军全部速集于环县一带，以便共同行动，防胡北进。”同时，请求中共中央派代表赴西安，共商抗日救国大计、处理善后事宜。

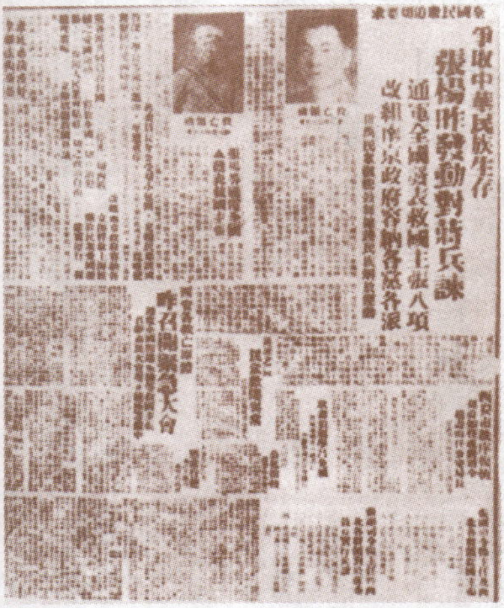
爭取中華民族生存
張楊昨發動對蔣兵諫
通電全國發表救國主張八項
改組南京政府容納各黨各派
昨召開民眾大會

《西北文化日报》关于事变的报道

西安事变爆发后，西安各抗日团体立即发表声明、通电，举行集会，支持张、杨爱国行动，

中共代表团主要成员周恩来、秦邦宪、叶剑英

拥护八项救国主张，群情激奋，民声鼎沸。南京政府得到消息后，以何应钦为首的亲日派主张立即出兵西安，讨伐张、杨，并集结重兵于河南洛阳，先头部队陆续进入潼关。国民党左派及宋子文等则主张弄清情况，再设法营救。全国各大报纸纷纷报道、发表各种各样的观点和意见。英、美、日、苏和共产国际也发表了各自的观点和态度。

面对纷繁复杂的局势，中共中央毛泽东、周恩来等领导人冷静思考，沉着应对，决定采取积极、稳妥、支持的方针，要求全党发动民众，促使南京政府接受张、杨八项抗日主张，停止内战。致电国民党和国民政府，敦促其“立下决心，接受张、杨二氏主张”，表示红军“愿与贵党军队联袂偕行，共赴民族革命之战场，为自由解放之祖国而血战。”同时派出以周恩来为首的代表团，赴西安协助张、杨和平解决事变。

12月17日，周恩来率秦邦宪、叶剑英、

李克农等一行到达西安，当晚约见张学良并与之交换了意见。18日，周恩来与张学良、杨虎城举行三方会谈。他们分析了蒋介石实行抗日的可能性，确定了和平解决事变的方针。同时制订了红军、东北军、十七路军“三位一体”，共同对付亲日派及中央军讨伐的防御措施。

12月14日，蒋介石夫人宋美龄委派顾问端纳乘飞机到达西安，了解事变情况。20日，宋子文亦从南京飞抵西安。周恩来遂请张学良捎去口信，表明共产党和平解决事变的态度，希望他劝说蒋委员长改变内战政策。并表示：“只要蒋先生抗日，共产党当全力以赴，号召全国拥护国民政府，结成抗

西安事变后市民大会的盛况

日统一战线。”宋子文对周恩来的态度深感意外，对共产党的主张大为赞赏。他在了解了张、杨兵谏的意图后，前去看望蒋介石，并向其阐明了张、杨和共产党各方面的态度和主张。21日，宋子文和端纳返回南京。

12月22日下午，宋子文、宋美龄兄妹作为南京政府的正式代表同机飞抵西安，并与张、杨商定，以八项主张为基础，举行四方会谈。23日，张、杨、宋氏兄妹、周恩来举行会谈，并最后达成10条意见：1.致电孔祥熙组织行政院，宋子文负责组织各方面满意的政府，肃清亲日派；2.中央军全部撤离西北，宋子文、宋美龄负绝对责任，蒋鼎文持蒋委员长手令，飞洛阳停战撤兵；3.蒋介石回南京后释放“七君子”，宋子文负责办理释放事宜；4.苏维埃、红军名称暂时不变，宋氏兄妹担保停止“剿共”，抗战开始后取消红军番号，统一指挥、联合行动；5.先召开国民党中央全会，开放政治，再召开各党派救国会议；6.政治犯分批释放，具体办法与宋庆龄商定；7.抗战开始后共产党可公开活动；8.联俄并与美、英、法联络；9.蒋介石回南京后通电自责，辞去行政院长；10.西北军政由张、杨负责。

以上会谈确定的各项条款，经蒋介石同

意并概括为六条：1.明令中央军入关各部队，自25日起调出潼关；2.停止内战，集中国力，一致对外；3.改组政府，集中各方人才，容纳抗日主张；4.改变外交政策，联合一切同情中国民族解放的国家；5.释放上海被捕各爱国领袖，立即下令办理；6.西北各省军政，由张学良、杨虎城负其全责。最后，蒋介石表示，同意这六条，但不签字，愿以领袖人格担保，实现自己的诺言。至此，四方会谈取得一致意见，西安事变宣告和平解决。12月25日，蒋介石在张学良的陪同下，乘飞机离开西安，到达洛阳。26日，飞回南京。

西安事变爆发后南京政府出动飞机在西安上空侦察示威

# 第二十回

## 国共两党二次携手
## 救亡运动再起波澜

统一战线得人心，
国共合作又逢春。
前线抗战传捷报，
后方救亡气象新。

统一战线得人心，
国共合作又逢春。
前线抗战传捷报，
后方救亡气象新。

西安二中学生在源县进行抗日救亡宣传

蒋介石回到南京后，立即下令扣留了张学良，同时调集重兵准备攻打西安，这在东北军中引起了强烈的反响。警卫团长孙铭九、政治处长应德田等少壮派军官，因对张学良感情特别深厚，表示如不释放张将军，就不惜与南京政府决一死战，并在东北军中发起了主战签名运动。但王以哲、于学忠、何柱国等东北军将领则认为，与南京政府决战，不但救不了张将军，反而会使西安事变和平解决的所有努力尽付东流，破坏全国抗日大局。因此坚决反对决战，主张用和平方式争取张将军获释。从而，主战派与主和派之间发生了尖锐的矛盾。

1937年2月1日晚，孙铭九、应德田、苗剑秋等秘密商议，决定立即枪杀67军军长王以哲和骑兵军军长何柱国，以削弱主和派的力量。2月2日，孙铭九和应德田、苗剑秋等人以请吃饺子为名，将东北军和十七路军的一些少壮派军官召集到家中，封锁院门，宣布刺杀王以哲、何柱国的所谓“除奸”计划，诬称王、何二人已经准备投蒋，必须及早铲除。随即派出人员，将王以哲军长枪杀于家中，同时枪杀了宋学礼、蒋斌、徐方等三名军官，制造了令亲者痛、仇者快的“二·二”事件。刺杀何柱国的十七路军人员，被杨虎城发现后遭到申斥，未敢动手，才使何柱国逃过一劫。

“二·二”事件发生后，周恩来立即前往察看，严厉批评了枪杀王以哲的严重错误，并和刘鼎等人到王以哲家中吊唁，使其家属和东北军将领深受感动。周恩来又对少壮派和受害方进行耐心说服、劝导，多方斡旋，努力消除双方的对立情绪和过激行为，稳定了局势，从而避免了东北军内部更大规模的互相残杀，极大地巩固了西安事变和平解决的伟大成果。

2月中旬至3月中旬，中共代表周恩来、秦邦宪、叶剑英同国民党代表顾祝同、贺衷寒、张冲等，就国共合作、红军改编、苏区改制等问题进行了多次会谈，并达成初步协议，为实现第二次国共合作奠定了基础。此后，周恩来又多次与国民党代表及蒋介石谈判，为最终实现国共合作、共同抗日而周旋。

7月7日，卢沟桥事变爆发。驻丰台日本军队以一名士兵失踪为借口，要求进入宛平县城搜查。在无理要求遭到中国驻军拒绝后，日军于当晚10时30分许炮轰宛平县城和卢沟桥，并攻占平汉线铁路桥及附近的龙王庙，发动全面侵华战争。中国守军奋起抵抗，中国人民的抗日战争全面爆发。

为了与国民党军队共同抗日，7月14日，中共中央军委发布中国工农红军改编为国民革命军的命令。红军在改编为国民革命军第八路军后，东渡黄河，开赴抗日前线。国民党军队也在淞沪会战中，首次取得了歼灭日本侵略军4万余人的巨大战绩。

西安学生救国联合会成立大会

西安事变和平解决后，中共中央立即派贾拓夫、张德生、欧阳钦、汪锋等人到西安，恢

张寒晖（前排左四）率团赴陕南演出

复建立了中共陕西省委和西安市委。中共西安市委书记由省委常委张德生兼任，惠子俊任副书记。市委下设职工运动、学生工作、妇女工作三个委员会，职工委书记由惠子俊兼任，委员有丁志明、胡达明、张秀岩（女）；学委书记为刘南生，委员有董学源、张力之、罗文治等；妇委书记为张秀岩，徐明清、危拱之、曹冠群为委员。中共西安市委的成立，加强了对西安地区抗日救亡运动的领导，为迎接抗日救亡运动的新高潮创造了条件。

在市委职工委的领导下，西安印刷业救国会、大华纱厂抗日工会、西安泥木业救国会、西安人力车工人救国会、陕西邮务工会等20多个工人救亡团体相继成立，并积极开展活动，为抗战将士捐献毛巾、鞋袜等物

话剧《一片爱国心》剧照

西安绥靖公署教导团宣传队化装宣传

品。陇海铁路工人成立了车上服务团、铁工话剧团等，在千里陇海线上以壁报、歌咏、话剧等形式进行抗日宣传和募捐。大华纱厂在职工委员张林等人领导下，成立读书会、歌咏队等开展救亡活动。邮政工人成立了邮工剧团上街下乡，演出《最后一课》《母亲》《春风秋雨》等抗战剧目，并把演出所得全部捐献给抗战将士。

在中共西安市委学生工委的发动下，西安学联、“民先队”西安队部相继发表了《告各界同胞书》《为日寇进攻华北宣言》《致南京政府电》等，表示保卫国土、收复失地的决心，要求政府对日宣战。随后，西安学生分为4批，组成65个暑假农村工作团，奔赴关中、陕南农村，以集会、讲演、标语、漫画、歌咏、戏剧等形式进行宣传，发动农民群众参加抗日活动。

1937年10月22日，山西抗战前线的700多名国民党军队伤病员被运送到西安火车站，无人看护、无处食宿。中共西安市委得知这一情况后，立即发动西安师范、女师等校学生连夜进行救护。学生们借来担架、叫来人力车夫和胶轮车夫，义务把伤员转运到东岳庙、八仙庵等处安置。为了引起当局的重视，学生还把100多名伤员抬到了省党部，要求他们下令各医院对伤员进行救治。各校女学生还组成服务队、慰问队、护理队、洗衣队等，日夜轮流守护，为伤病员喂饭、换药、缝洗衣服，甚至写信、读报、唱

西安民先队员正在教难民识字

街头剧《放下你的鞭子》在排练中

歌等，极大地增强了伤员们重返前线杀敌的决心。同时，西安学委还发动14名青年医护人员，组建了以罗锦文为队长的“西北青年抗日前线救护队”，赴山西抗日前线救护伤员，受到八路军总司令朱德的称赞。

1938年1月，中共西安学委通过学生会和“民先队”，以抗敌后援会的名义，又组成70多个学生寒假工作团和流动宣传队，分赴关中、陕南各县和山西、河南战区进行宣传、慰问。西安二中教师、共产党员张寒晖将二中、女师的30多名师生组织在一起，成立了“斧头剧团”，并带领该团先后到陕南和黄河沿岸的农村、部队，进行宣传、慰问演出。他创作的歌剧《游击乐》《去当兵》等，深受群众和抗日将士的欢迎和喜爱；他创作的著名救亡歌曲《松花江上》，如泣如诉，深刻控诉了日本帝国主义的侵华罪行，在长城内外、大江南北广为传唱。

陕西妇女慰劳会，是活跃在抗日救亡运动中的一支重要力量。虽说它是官方组织，由省政府主席孙蔚如夫人李定荫担任会长，但其主要领导和骨干人员李馥清、韩钟秀、曹冠群等人都是共产党员，并由西安妇委书记徐明清等直接领导。妇慰会下设总务、组织、宣传、慰问、征募、劳作等六科，在西安设有19个支会，在关中35个县设有分会，办有机关报《西北妇女》。

妇慰会的宣传、慰问两科，带领演讲队、歌咏队、戏剧队和慰问品多次赴河防阵地，并先后慰问了陕西警备二旅孔从洲部、38军李兴中117师等部队，为抗日壮士送去了慰问品并进行宣传、慰问演出。妇慰会还在西安“八办”慰问了八路军总司令朱德，向其敬献了一面“为国干城”的锦旗。征募科将募集到的5000多块大洋、100多件金银首饰，购买成慰问品送到抗战前方。劳作科将缝制的十多万条棉被和大批鞋袜、棉衣棉裤，运往抗日前线。

此外，妇慰会还绣制了6000多枚“再接再厉”的荣誉章，赠发给伤愈重返战场的抗日将士，极大地激发了他们守土杀敌的勇气。

关中各县农村的抗日救亡运动也是如火如荼，抗日军、救国军等组织不断发展。在临潼县，县长张锋伯积极支持群众抗日救亡运动，被人们誉为“抗日县长”。但不久，县长张锋伯被捕，抗日武装负责人、共产党员毛瑞甫被特务杀害。

1938年的下半年到1939年的上半年，国民党顽固派不断制造摩擦事件，并掀起反共高潮，西安抗日救亡运动被迫转入低潮。

# 第二十一回

## 日军飞机狂轰滥炸
## 西安人民损失惨重

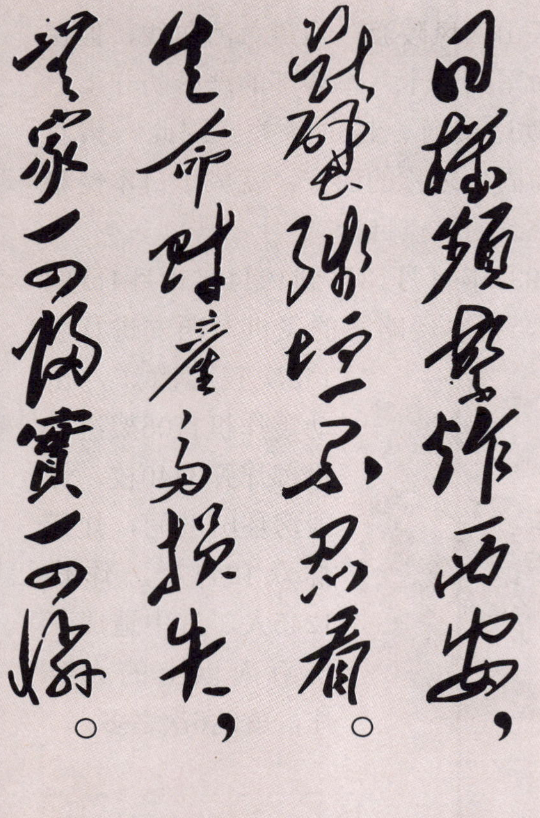

日机频繁炸西安，
断壁残垣不忍看。
生命财产多损失，
无家可归实可怜。

抗日战争期间，西安是中国西北的政治、军事、经济、文化中心，是向华北抗日前线输送物资、兵力的可靠大后方，也是日本侵略军妄图占领的战略要地。日军虽然一度攻占了山西风陵渡，炮轰黄河防线，但在国民革命军第三十八军等部的严密防守下，却未能渡过黄河、越过潼关。因此，素有“四塞为固”之称的西安，就成了日本侵略军进行空袭的重点目标。

从1937年11月13日到1944年12月4日的7年当中，日本侵略军的飞机对西安进行了145次狂轰滥炸，出动轰炸机1106架次，投掷炸弹3440枚，炸毁房屋6783间，炸死群众1244人，炸伤1245人。其中造成死伤百人以上的大轰炸，就达6次之多。

被日机炸毁的大华纱厂车间

日机轰炸后的
西京红十字会医院

1939年，是日军飞机轰炸西安最为频繁的一年，其全年出动飞机463架次，投掷炸弹2403枚。从这些数字可以看出，日本侵略军的轰炸，给西安人民的生命财产造成了多么惨重的损失。由于日军的狂轰滥炸，不知使多少群众家破人亡，使多少无辜百姓无家可归、流离失所，使多少家庭饱尝失去亲人的痛苦，使多少人长期忍受着伤残病痛的折磨，又使多少人因失去财产而在死亡线上挣扎。因此，西安人民对日本帝国主义侵略者是咬牙切齿、恨之入骨，不将其打倒，死难瞑目。

1938年11月23日清晨，西安城内的回民群众正在隆重地举行开斋仪式，虔诚的伊斯兰信徒们在清真寺里专注地祈祷着和平。突然，20多架日军轰炸机从西安上空向下俯冲，对西大街、大皮院、小皮院一带狂轰滥炸，共投下炸弹80多枚，造成4座清真寺、150多间民房和回族难民收容所被炸毁，200多名无辜群众被炸死炸伤。轰炸后的种种惨状，令人目不忍睹。

1939年3月7日下午4时，14架日本侵略军的轰炸机飞临西安上空，对东大街、西大街进行了一番狂轰滥炸，大差市、东木头市、糖坊街、土地庙街、大麦市街、桥梓口等多处受灾严重。其中大差市口到北柳巷口长约2华里的商业区，因轰炸引发大火，燃烧了2个多小时。这次日军飞机投弹100多枚，炸死炸伤市民600余人，炸毁房屋1000余幢，造成古城空前未有之浩劫。

1940年6月30日中午1时许，36架日军轰炸机对西安城进行轮番轰炸，同时投掷毒气炸弹。爆炸之声此起彼伏，震耳欲聋；爆炸的烟尘遮天蔽日，几乎使人窒息，炸毁房屋建筑无以数计。西大街的一个防空洞被炸毁，死伤群众400余人。

在日军飞机轰炸西安之初，大华纱厂资

被日机炸毁的易俗社剧场

本家为了免遭轰炸带来的损失，不惜代价、花费巨资，通过意大利驻华使馆办理了为期一年的战时保险，随即在厂房屋顶上绘制了巨型意大利国旗图案。因此，每遇日军飞机轰炸西安时，资本家便认为工厂不会被炸，为了不耽误生产，不让工人出厂躲避空袭。保险过期后，每遇空袭，资本家还是要求工人坚守生产岗位，不准离厂躲避。

1939年10月11日，20多架日军轰炸机突然飞临西安上空，向大华纱厂内投掷炸弹、燃烧弹数十枚。由于资本家紧锁工厂大门，工人群众无法逃离疏散，40多人被炸死炸伤，部分厂房、机器被炸毁，工厂被迫停产，并造成工人失业。其中大部分工人无家可归，流落街头，情景十分悲惨。

日本侵略军对西安多次狂轰滥炸，激起了各界群众的极大愤怒。人们将悲愤化作力量，在抗日救亡运动中，有钱出钱，有力出力，迸发出空前的爱国热情和积极性。同时，在人民群众的强烈要求下，西安当局建立了防空组织，修筑了防空工事，设立了救济机构，同时进行防空演练，建立预警机制，实行紧急疏散等，努力将空袭带来的损失降到最低限度。

日本侵略军在轰炸西安的同时，还轰炸

了潼关、宝鸡、汉中、安康、延安等地。其中最为严重的一次，是1940年9月3日，36架日军飞机轰炸安康，共投弹200余枚，炸死群众850余人，炸伤2300余人，引发城区大火三日不灭，损毁房屋1000多间。

据统计，从1937年11月7日首次轰炸潼关起，到1945年1月4日最后一次轰炸安康止，在近8年的时间里，日军飞机对陕西轰炸总计560余次，投下炸弹1.36万枚，炸死群众1万余人，炸毁房屋4.3万余间，对陕西人民欠下了无法偿还的血债，犯下了不可饶恕的滔天大罪。

西安市民进行防空演练

# 第二十二回

## 顽固势力压制抗日
## 爱国民众奋力救亡

民众救亡情正涨，
顽固势力露狰狞。
十三团体遭解散，
仇者快来亲者痛。

民众救亡情正浓，
顽固势力露狰狞。
十三团体遭解散，
仇者快来亲者痛。

以学生为主体的西安各界群众抗日集会

就在日本侵略军的飞机不断轰炸西安，人民群众抗日救亡运动不断高涨之际，国民党顽固派西安当局却突然于1937年8月24日，在《西京日报》发出通告，宣称陕西学生救国会、西北各界救国会等14个民众抗日团体为“非法团体”，下令取缔。28日，该14团体联名发表《致国民党陕西省党部的一封公开信》，指出：“省党部加救亡团体以罪名，陷救亡群众于法网，实为自抛其卵、自覆其巢的反动政策耳”，强烈要求国民党陕西省党部收回成命，“加倍努力群众动员工作”。中共陕西省委也多次公开发表声明，指出省党部的这一举动，“实足帮助敌人对华之侵略”，要求纠正错误做法，给人民以抗日救国之民主自由。

同时，西安党组织又从抗日大局出发，做出让步。经过谈判，各抗日团体取消原来的名称，全部加入国民党的官方组织——抗敌后援会，各抗日救亡团体，遂以抗敌后援分会的名义进行救亡活动。

1938年2月22日，国民党陕西省党部又以“未经备案，私自活动”为由，再次宣布“民先队”西安队部、西北青年救国联合会、西安中等学校教职员联合会、西安文化界协会、西北青年文艺工作者协会、西安民众抗战剧社、新时代歌咏团、西安编辑人协会、西安新文字促进会、西安木刻漫画研究会、西安作家协会、西京世界语学会、陕西青年抗日决死队等13个民众救亡团体为“非法团体”，勒令解散。中共陕西省委、西安市委和各群众团体，立即相继发表声明，递交抗议书，强烈谴责国民党顽固派的倒行逆

西安学生联合会全体领导成员

西安学生农村工作团部分成员

施，要求开放民众抗日救亡运动。

3月间，国民党陕西省党部又转发了国民党中央党部武汉办事处的通令，要求各团体的一切集会、讲演，必须先报国民党党部审核，否则坚决取缔。5月17日，国民党陕西省党部重申前令，限令“民先队”西安队部、西北青年救国会等13团体立即自行解散。5月下旬，国民党陕西省党部又出动警察、宪兵，先后逮捕了“民先队”西安队部、西北青年救国会、西安学联等群众救亡团体负责人于志远、蔺克义、何志诚、李连璧、陈宇等5人。爱国五青年被捕后，立即引起各界群众的强烈愤慨。中共陕西省委和西安市委随即发表严正声明，抨击国民党顽固派破坏抗日救国运动的卑劣行径，指出：解散抗日团体、逮捕爱国青年，是违反国民党抗战建国纲领精神的，必然会使日寇、汉奸、亲日派破坏中国团结、分裂抗战力量的阴谋得逞，要求省党部立即释放被捕爱国五青年，惩办逮捕爱国五青年的主使者；给予13团体备案登记，使其在党部的领导下效命国家。同时，党组织发动群众和有关人士，积极营救被捕青年。后来，在周恩来亲自与程潜交涉下，于志远等5人于9月初获释，并经西安“八办”送往延安。

国民党顽固当局在解散民众救亡团体、逮捕爱国五青年之后不久，突然出动200多名警察、宪兵闯入西安师范学校，查抄“民先队”全国总队部和西北队部，搜查了该校学生后援支会办公室、学生宿舍和教员宿舍，企图抓捕“民先队”全国总队部和西北队部的负责人，引起西安师范学生的强烈不满。随即，西安师范500多名学生走上街头示威游行、张贴标语、散发传单，抗议当局非法搜查学生宿舍、教员宿舍，侵犯教师、学生人身权利的暴行。游行队伍走到东大街国民党陕西省党部门前时，遭到国民党特务的阻拦，学生与之展开说

西安各界群众上街游行

理斗争，特务遂将陈元方、王宏谟、屈宪文、窦启太等5名学生抓起来并关押于省党部。全体学生随之冲进党部进行抗议，要求释放被捕同学。同时派出代表，将情况向西安学生抗敌后援分会报告、向各校学生支会通报，争取援助。在全市学生和各界群众的强烈抗议下，被捕的5名学生很快被释放。

10月20日，国民党陕西省党部发出通告，勒令西安学生抗敌后援分会及各校支会一律停止活动，自行解散。由于形势不断恶化，“民先队”、西北青年救国会等抗日团体相继转入秘密活动状态。

1939年5月，国民党陕西省党部以统一妇女组织为由，对妇女慰劳会陕西分会进行大改组，将共产党员全部排挤出各级妇慰会组织。6月间，国民党西安当局下令撤销所有抗敌后援会，成立了由其垄断和一手包办的各级抗敌动员委员会，并大肆宣扬一个政党（国民党）、一个领袖（蒋介石）、一个主义（三民主义），妄图彻底扼杀群众性的抗日救亡运动。然而，人民群众抗日救亡的热情和意志是任何力量也摧毁不了的。在各级党组织的领导下，群众改变斗争方式，与国民党顽固派展开有理、有利、有节的斗争，为夺取抗日民族革命的最后胜利，进行着不屈不挠的顽强斗争。

# 第二十三回

## 反动当局猖狂反共
## 地方组织荫蔽精干

反共势力逞凶狂，
特务密布似罗网。
荫蔽精干待时机，
积蓄力量打豺狼。

反共势力逞凶狂，
特务密布似罗网。
荫蔽精干待时机，
积蓄力量打豺狼。

抗日儿童歌咏团

抗日战争进入相持阶段后，日本帝国主义侵略者对国民党政府提出了“共同防共、善邻友好、经济提携”三原则，从政治上进行诱降。因此，以汪精卫为首的亲日派公开叛国投敌，成为可耻的汉奸卖国贼。以蒋介石为首的亲英美集团，出于对人民抗日力量的恐惧，虽然没有公开投敌，但却实行了消极抗战、积极反共的方针。1939年1月，国民党五届五中全会确定了“溶共、防共、限共、反共”的反动政策，通过了《共产党问题处置办法》和《沦陷区防范共产党活动办法草案》等，进一步加快了反共的步伐。

国民党顽固派西安当局在压制、破坏群众抗日救亡运动的同时，在西安实行特务化的反共策略。对于一个不足50万人口的城市，安插各类职业特务达4500多人，并组织

宣侠父

党、政、军、宪、警、铁路等特务机关的头目，每周召开一次会议，专门研究对付共产党的办法。同年4月，国民党顽固派陕西当局，在西北青年抗敌协会和西北青年抗敌先锋团两个御用组织的基础上，成立了三民主义青年团（简称三青团）陕西支团部，胡宗南任主任，主要任务是从事反共活动。国民党各类特务监视、破坏的目标，主要是八路军驻西安办事处、陕西省和西安市的各级党组织。蒋介石指示国民党陕西省党部主任兼省长蒋鼎文，“务于三个月内控制共党”。因此，常驻西安“八办”的八路军代表、八路军少将参议宣侠父，首先被特务绑架暗杀，并且连尸首也不知下落。此后，一些党组织的领导成员相继被捕，各级党组织遭到严重破坏。到1940年上半年，已有党员和革命群众400余人先后被捕入狱，西安城被笼罩在一片白色恐怖之中。

1940年8月，中共中央根据陕西和西安的实际情况，下发了《关于陕西工作的决定》，要求“陕西必须把执行隐蔽精干政策与开展广泛的统一战线工作，当作自己坚定不移的方针”，“以达到长期埋伏，积蓄力量的目的”。中共陕西省委遂将中央的决定精神概括为四句话：“隐蔽精干，长期埋伏，积蓄力量，等待时机”；要求各级党组

织严格执行，并要求党员做到群众化、职业化、社会化，以达到长期隐蔽、埋伏的目的。至此，党的活动更加隐秘，党员之间停止联系，基层党组织处于休眠状态。

国民党反动势力没有就此罢手，反而变本加厉，更加猖獗。1940年8月29日，蓝田县东川地区党的地下组织领导人穆志贤，被国民党商州驻军谢辅三部营长赵玉青杀害于许家庙镇腰祝村。

**穆志贤**　（1908—1940）又名东善，蓝田县穆家堰村人，17岁考入西安职业学校学习，1925年加入共青团。1927年考入中山军事学校学习，不久加入中国共产党。大革命失败后回到家乡，建立党组织和地下武装，曾任西荆公路巡查大队长、灞龙庙乡乡长。

他的牺牲，使党在蓝田的工作，遭受到了重大损失。

李萃亭与张果斋、牛蓝川、李沉斋合影

1941年1月30日晚，周至县甘西小学（今属户县）校长、共产党员李萃亭在家中被捕，后被解送西安，关押在陕西省党部。他在狱中受尽各种酷刑折磨，坚贞不屈、矢志不渝。3月中旬，他被党组织营救出狱时，已是遍体鳞伤、病入膏肓，终因医治无效，于7月间逝世。

**李萃亭** （1883—1941）名荟堂，号潜斋。出生于周至县祖庵镇东寨村的一个书香世家，自幼熟读四书五经，青年时师从牛蓝川、张果斋等关中名儒研习理学。1930年，他与胞兄李沉斋在蒋村创办“静修学社”收徒授业。九一八事变后，他对国土沦丧深怀义愤，遂于1932年将静修学社改名为甘西小学，广招学生，并聘请贾晓东、王礼、张景文等多名共产党员到学校任教，使学校成为党的活动据点和抗日救亡活动的场所，并为延安、安吴青训班输送了数十名爱国青年。李萃亭还将自己的儿子、正在西安读书的李光先也送到延安。李光先从延安抗大毕业后，走上抗日前线，并为国光荣捐躯。1939年，李萃亭经张景文介绍加入中国共产党。他的事迹被绘制成连环画，在陕甘宁边区进行展览；他的名字，被载入中共七大所印制的《中国共产党烈士纪念册》。

1941年10月1日，临潼县渭北“剿匪”总指挥、相桥镇联保主任秦颂丞，秉承县长王家麟的旨意，带领70多名武装人员突然袭击了交口镇赵家庄，杀害了党的地下武装人员李文海和梁信之的妻子、女儿。谈国帆、王知德闻讯后，随即率领地下武装数百人前往救援，并将秦颂丞打得落荒而逃。

1943年8月3日（农历七月初三）拂晓，国民党陕西第十区行政监察专员温良儒调集省保安三团二大队，临潼县长王家麟纠集县保安团、警察局、相桥镇联保主任秦颂丞，以及高陵、泾阳等地的警察、保甲队共3000多人，包围了渭北交口镇谈家庄、白杨树寨、花刘村、赵家庄、巷里村等，妄图将共产党员谈国帆、王志温等人一网打尽。

在巷里村，秦颂丞率领百余人冲入党员李永顺的家中，李永顺因故外出。秦颂丞便指示兵丁将怀孕的李妻抓住毒打，逼问李的去向。李妻坚贞不屈，始终不吐一字。惨无人道的秦颂丞恼羞成怒，下令放火烧了李家的房子，并残忍地将李妻投入大火之中活活烧死。无辜的7个月大的胎儿，在母腹中被烧得破肚而出，情景十分凄惨。

在花刘村，田市镇联保副主任李振邦带领六七十人，先后进入共产党员刘振藩、刘子清的家中，在抓捕扑空之后，便以搜查为名，对全村挨家挨户地进行大搜掠，直到中午方才离去。到赵家庄抓捕梁信之的孙彦龙等数十人，也同样扑了空。

在交口镇，保长王兆乾、张志俊带领30多

名保丁，从东城门旁边的下水道钻进城里后直扑镇公所。在镇公所门前开枪将会计宋应斌打伤后，喝令屋内的团丁缴械投降。团丁于金荣、朱鸿谋、贾德有、贾茂才和干事张兴轩5人当即缴枪。当他们被押解到东城门附近时，后面的保丁突然开枪，当场打死4人。于金荣急中生智，倒地后连滚带爬地跳入路旁的一口枯井，从而幸免一死。雨金镇联保主任梁忠义、副主任田英锐带领保丁、甲丁80多人，于天亮前包围了谈家堡和白杨树寨，但谈国帆、王志温平日根本就不在家中停留。两家空无一人，联保人员只好悻悻离去。

天亮以后，温良儒、王家麟和保安大队长周维华、特务队长陈青山陆续抵达交口，将附近村庄群众都集合到谈家堡，叫来保安八中队队长、临潼人吴树铭逐一辨认，但仍未发现谈国帆、王志温等人的踪影。当天下午，温良儒、王家麟等人在交口镇召开会议，决定暂时撤销交口镇的建制，没收谈国帆、王志温、刘振藩、刘子清、梁信之、张宗谨、杜景科等8人的一切财产。随后，他们在交口地区布置了许多特务，并张贴布告对谈国帆等人进行通缉、悬赏。此后，共产党员齐玉平和革命群众段临潼、刘相、王仲田等人相继被特务枪杀，当地的共产党员和革命群众，被迫先后北上边区，交口这块红色根据地遂被反动势力占领。

1940年7月，中共西安市工委停止活动后，职工委由蔺泾水、朱子彤负责，并在关中地委领导下开展工作。1942年上半年，西安形势更为严峻，职工委安排一些工人党员到外地工作，留下来的则以公开职业为掩护，继续坚持秘密工作。不久，朱子彤到关中地委汇报工作，并被留在地委；蔺泾水在西安难以立足，便转移到咸阳，以在纺织厂任小职员的身份为掩护，对西安邮政局、电信局、机器局、成丰面粉厂等单位的党组织和党员进行异地领导。下半年，地下交通员李德华返回边区参加整风后，蔺泾水与关中地委失去联系。此后的4年多时间，在无上级领导的情况下，他顽强地坚持负责西安职工委的工作。



**蔺泾水** （1918—1947）又名张健，山西新绛县人。1935年初中毕业后，娶本县开明绅士党楚卿长女为妻。1937年参加山西牺牲同盟救国会，从事抗日救亡工作。1938年2月，经西安“八办”介绍进入边区安吴青训班，学习期间加入中国共产党。6月，被陕西省委调到西安市委，任职工委委员。1946年5月，朱子彤根据省委指示到西安了解情况。在蔺泾水患有严重肺病而不能继续工作的情况下，朱子彤接替了他的工作。1947年1月，蔺泾水病逝，时年29岁。

蔺泾水

# 第二十四回

## 红色桥梁通向延安
## 民族革命增添力量

国亡痛陷心桥伤，
热血儿女编织纺。
抗日救国路何在？
西安八办是桥梁。

国土沦陷心忧伤，
热血儿女痛断肠。
抗日救国路何在？
西安“八办”是桥梁。

西安“八办”

1937年8月，中国工农红军改编为国民革命军第八路军后，在西安七贤庄设立了驻陕办事处，简称西安“八办”。而其前身，先后为秘密转运站、红军联络处和工农红军西北办事处。

1936年春，中共中央为了解决陕北根据地医药匮乏的问题，指示在张学良身边工作的共产党员刘鼎，在西安建立一处秘密物资转运站，为陕北采购药品。刘鼎经国际友人史沫特莱女士的推荐，将德国共产党员、牙科医生海伯特·温奇从上海请到西安，租下七贤庄一号院，开办了“德国牙医博士冯海伯诊所”，一面对外诊治牙病，一面从事药品和医疗器械的秘密采购和转运工作。西安事变发生的当天早晨，海伯特医生到街上散步，不幸被流弹击中身亡，被张学良、杨虎城安葬在西安南郊。

西安事变和平解决后，叶剑英等中共代表进驻七贤庄一号院。在与东北军和十七路军商议后，在这里建立了红军联络处。不久，联络处改名为红军西北办事处，叶剑英为党和红军的常驻代表，李克农、张文彬、李涛等先后任秘书长，并以“国民革命军第三十八军教导队通讯训练班”为掩护开展工作。联络处和办事处在维护统战、为陕北苏区采办急需物资等方面，发挥了重要作用。

红军改编为八路军后，红军办事处成为公开的八路军驻陕办事处，仍在七贤庄一号院办公。林伯渠、董必武先后为中共中央常驻代表，八路军总部少将参议宣侠父为八路军常驻代表，伍云甫、周子健先后担任办事处处长。

陕甘宁边区是土地革命战争时期唯一完整保存下来的红色区域，在中共中央毛泽东

革命青年通过西安“八办”投奔延安

的领导下，实施新民主主义纲领，人民群众在那里创造了惊天动地的伟绩。对于全国人民来说，陕甘宁边区是自由进步的象征，是抗战中心和抗日根据地的总后方，延安又是边区的领导核心和象征，因而为全国人民所向往。抗日战争爆发后，正如毛泽东所说：“全国各地，远至海外的华侨中间，大批的革命青年都来延安求学。”西安“八办”则是全国各地通往革命圣地延安的一座红色桥梁。

在抗日战争时期，虽然实现了国共第二次合作，但在国民党统治区和陕甘宁边区之间是不能自由出入的，只有凭借西安“八办”开具的通行证，才能通过沿途一道道的关卡。因此，全国各地要求去延安的爱国青年，须经当地党组织或“八办”介绍，经过西安“八办”批准后方能成行。特别是延安抗大、陕北公学、延安鲁迅艺术学院

1937年4月，周恩来（中）与张云逸（左）、孔石泉在西安七贤庄

朱德在“八办”给青年学生作抗战报告

等院校面向全国公开招生后，大批爱国青年涌向西安，经“八办”介绍，北上延安，即使有千难万险，他们也在所不辞。

四川万县青年教师熊道炳带着妻子、堂弟、侄子一行7人，为了北上延安，跋山涉水、徒步千里，沿途遭遇土匪抢劫、关卡盘查、风餐露宿，历时十余日来到西安。在“八办”他们穿上八路军服装，佩戴上一一五师的臂章，由一名工作人员带队，与各地来的青年90多人一道步行到达延安。印度援华医疗队员巴苏华在日记中写到：“在去延安的路上，到处都是嘹亮的抗日歌声，它回荡在群山间，而群山环绕的山间小路，步行前进的一群群青年时隐时现，他们欢快、年轻，用呼声、手势与我们亲切地招呼着。”根据统计显示，抗战时期，由西安“八办”接待并护送到延安的青年学生达2万多人。

爱国音乐家冼星海在重庆有着待遇优厚的工作，但他向往延安。到西安后，在等待去延安期间，他为西北电影公司作曲、配曲，公司竭诚挽留，诺以高薪。但他丝毫不为所动，与夫人钱韵玲毅然奔赴延安。在延安，还不断收到各地的邀请函件，但他在十分艰苦的生活条件下也毫不动摇，并与光未然合作，创作出气势磅礴的抗战歌曲——《黄河大合唱》。

满载货物的汽车即将离开七贤庄北上延安

南洋华侨回国服务团一行13人，驾驶着大轿车、救护车，经武汉“八办”介绍来到西安，在“八办”处长伍云甫的安排下，顺利前往延安。抗战期间，经西安“八办”介绍到延安去的青年学生、知识分子、爱国华侨数以万计，事例不胜枚举。此外，伟大的国际共产主义战士白求恩大夫、印度援华医疗队、国际友人斯诺夫妇、南洋华侨领袖陈嘉赓等，也都经西安“八办”安排，到了延安或华北抗日前线。

为陕甘宁边区和八路军采办物资，也是“八办”的一项重要任务。1937年初，红军联络处建立后，红军供给部长叶季壮就率员来到西安，租用七贤庄四号院设立物资采办委员会，下设会计、被服、运输三科，负责红军所需物资的采办运输工作。“八办”建立后，采办委员会改为“八办”下属的经理科。经理科下设粮秣、被服、运输、会计、交际等股，采办运输物资的工作十分繁忙。经理科在西安设有仓库、兵站、汽车队、马车队，在宝鸡、长武、渑池、垣曲等地设有仓库，在三原、洛川等地设有兵站。拥有

20多辆汽车和数十辆马车，同时还与数家商户的40多辆汽车，签订了长期运输合同，这才基本保证了边区和八路军物资的供给。

西安“八办”还是国民党统治区的一座红色堡垒，为掩护党和八路军的领导人、为保护地方党组织和革命群众、为解救红军西路军被俘人员、为维护和巩固抗日民族统一战线发挥了巨大作用。因此，她也是国民党顽固派的眼中钉、肉中刺，是国民党特务严密监视、伺机破坏的重点对象。

特务们在“八办”的四周，设立了许多公开的或秘密的观察哨点，日夜轮班监视，对出入人员进行跟踪盯梢。有的特务还化装为流动商贩，在附近街巷巡游侦察。在宣侠父遇害之后，又有十多名“八办”工作人员先后遭到绑架。“八办”的枪支被国民党当局登记备案，电台被当局没收。当特务们监听到“八办”仍有一部电台在工作时，便以查户口为名，突然冲入进行搜查。但工作人员早有防备，及时地将电台转移到地下室的一口密井中，才使电台免遭破坏。特务又多次胁迫运水工人向“八办”的水缸中投毒。运水工虽然贫苦，但都有一颗爱国之心，不为威胁利诱所动，使特务的多次阴谋都没有得逞。

青年学生离开
西安“八办”前往延安

在国民党顽固派对边区实行经济封锁后，西北制药厂厂长薛道五和总工程师吴子实、西北化学制革厂经理王子厚等，因为向"八办"出售了机械设备和物资等，都相继遭到了特务的绑架、恐吓、罚款和殴打。有一次，西安警备司令董钊，派出100多名军警包围了"八办"，抢走电台，妄图切断"八办"与延安的联系。而"八办"工作人员自己动手，又重新安装了一部电台。大生产运动开始后，延安的物资供应实现了自给自足，经理科一些部门人员逐渐撤回延安。

1946年8月，解放战争爆发，国民党西安当局对"八办"采取了驱逐政策，最后一批撤离的20多名工作人员，在国民党军队的"护送"下于9月10日离开西安，经过十多天的跋涉，步行回到延安。

从1936年6月到1946年8月，西安七贤庄一号院作为红军和八路军的办事处，是在国民党统治区存在时间最长、贡献最大的党和军队的公开办事机构之一。新中国成立后，这里成为国家重点文物保护单位，并设立了八路军西安办事处纪念馆。改革开放后，纪念馆被确定为全国首批百家爱国主义教育基地之一，使昔日的红色桥梁，成为今日的革命传统课堂。它作为党的历史丰碑，将永远屹立在人民群众的心中。

# 第二十五回

## 蒋氏实行独裁统治 各界人士奋力抗争

八年抗戰血火中，
勝利果實轉眼空。
獨裁內戰接踵至，
和平民主須斗爭。

八年抗战血火中，
胜利果实转头空。
独裁内战接踵至，
和平民主须斗争。

长安县斗门镇群众集会

1945年8月15日，日本天皇发布停战诏书，宣布无条件投降。中国人民坚持了8年的抗日战争取得了最后胜利。这时，西安人民群情激奋，迫切希望建立一个和平、民主、安定的社会新秩序，进行休养生息。然而，人民不仅没有看到和平民主的曙光，反而陷入胡宗南军事集团更加黑暗的反动统治之中。

抗战胜利后，蒋介石为了在经济上摆脱军政费用不足的困境，大量发行纸币，增加捐税项目和税额，废止学校的公费制等等，在战争创伤尚未恢复的情况下，又将人民群众推向生存与死亡的边缘。在政治上，蒋介石任命胡宗南为西北军政长官

杜斌丞

公署副长官（蒋介石兼长官）兼西北绥靖公署主任，任命军统特务汪震、萧炤文分别为西安市政府秘书长和省会警察局局长。将西安市划分为12个区、185个保、3222个甲，设立特务机关70多个，特务总人数达5万之多，对西安实行黑暗的法西斯统治。

为了贯彻中共中央和平建国方针，反对内战独裁，中共陕西省委派共产党员杨明轩到西安，推动文化教育界争取民主的斗争。杨明轩联络民主同盟中央常委、陕西省政府委员、省垦荒委员会副主任杜斌丞，在西安成立了中国民主同盟西北总支部，杜斌丞任主任委员，杨明轩、王菊人、成柏仁、李敷仁等任执行委员。他们与重庆、成都、昆明等地的民主同盟共同提出“废除国民党一党专政，建立联合政府”的主张，深受各界群众的拥护。在他们主办的报纸《秦风·工商日报联合版》的带动下，《民众导报》《老百姓》《文化周报》《民立周刊》《新妇女》等纷纷刊登和平民主言论，反对内战独裁。同时，西北大学学生自治会发动领导的争取民主权利斗争，在西安形成巨大的浪潮，引起反动当局的极大仇视。

王 仁

被国民党特务捣毁的《秦风·工商日报联合版》编辑部

1946年4月23日，国民党特务公然枪杀了《秦风·工商日报联合版》的法律顾问、民盟盟员王仁。5月1日，《民众导报》和《老百姓》报的总编、民盟西北总支青年部长、共产党员李敷仁，在西安街头被国民党特务绑架到咸阳塬上枪杀，幸未致死，被当地群众营救，并于7月间送往延安。5月3日，一批国民党特务捣毁了《秦风·工商日报联合版》报社，殴打编辑、记者和工作人员，向记者杨宾卿的眼睛里撒石灰，并致多人受伤。同时，特务们还用汽车将该报主编梁益堂撞成重伤，迫使该报停刊。这些特务迫害民主人士的事件，受到中共中央的高度重视和全国各界人士的关注，纷纷发表言论，鞭挞国民党统治集团的独裁政策，支持西安人民争取民主的斗争。

六七月间，抗战期间分散在汉中地区的西北大学、西北工学院、西北医学院等相继回迁，使西安的高等院校达到了7所，在校学生达5000多人，壮大了西安地区的民主爱国力量。在党组织的发动下，各院校的学生团体迅速发展起来，反对物价上涨，要求改善生活条件的罢课、罢教活动此起彼伏，争取民主权利的斗争如火如荼。

1947年5月20日，宁、苏、沪、杭等地学生在南京向国民政府请愿，要求“停止内战、挽救教育危机”，遭到军警、特务的镇

国民党设在长安县白道峪关押革命者的秘密监狱旧址

压，19名学生受重伤，90多人受轻伤，28人被捕。消息传到西安，学生们义愤填膺，纷纷发表声明、张贴标语进行抗议。

6月1日，正当西安学生按照全国学联的号召，准备于次日实行全市总罢课时，大批军警特务于当晚冲进各学校、各机关团体，进行大搜查、大逮捕，共产党员武伯纶、张光远、郑竹逸，知名作家郑伯奇、记者李尤白，学生运动领袖和骨干葛世民、江焕礼、王蔚文、吴焕然、张炜、柴熙曾、成仁甫、马鸿烈等200余人被捕。同时，西安当局还实行了全城戒严，封锁校门，在城门上架起机枪，杀气腾腾，如临大敌。为了保护学生免受伤亡，西安党组织紧急通知各校学生，将活动改为在校内进行。

1948年春，胡宗南部队在西北战场连吃败仗，遂打算放弃西安，并胁迫西北大学、西北工学院等校学生迁往四川。西安党组织随即发动各校学生开展了反对迁校、奔走延安、迎接解放的斗争。在共产党员和进步教师、学生的带动下，各学校纷纷举行反迁校签名活动，造成反对迁校的强大声势。同时，党组织将暴露身份和受到特务注视的学生运动领袖和骨干分子300多人秘密送往边区，一方面保护了革命群众，一方面为迎接西北地区的解放准备了干部。黑暗即将过去，曙光就在前头！

# 第二十六回

## 农村武装悄然发展
## 游击战争遍地开花

蒋氏独裁挑内战，
三秦大地起硝烟。
发展农村根据地，
枪杆子里出政权。

蒋氏独裁挑内战，
三秦大地起硝烟。
发展农村根据地，
枪杆子里出政权。

红七十四师在大峪口练兵

蒋介石为了实现独裁统治，公然挑起内战。1946年6月，国民党军队分兵四路围攻中原解放区，中原部队在李先念、郑位三、王震等人率领下实行突围，从而拉开了解放战争的序幕。中原部队突围后，于7月中旬进入陕南，并于23日在商县白鲁础召开中原局会议，决定将部队化整为零，分为7个分队，分头发动群众，开辟豫鄂陕革命根据地。

为了配合中原部队创建根据地，中共陕西省委决定成立长安和柞水工作委员会，并派出干部进入秦岭山区建立武装、开展工作。8月初，中共长柞工委成立，严丕显、李浩分别任书记、副书记，李子忠、张鸿泰、师谦等任委员，主要任务是组织地方武装，开展游击战争，接应中原突围部队。

10月10日，长柞工委在长安小峪寨沟发动武装起义，建立起拥有40余人的长柞游击队，在陈家沟、大荆坪、汤房街、上桥梓口、行者桥等地建立了十多个联络点，在伐木场、大峪口、大瓢等处建立了活动据点。游击队成立后，为中原部队筹集粮草、安置伤员、传递情报，积极配合了豫鄂陕根据地的创建和发展。

8月中旬，中共陕西省工委书记汪锋奉命带领胡达明、王知德、张兴财、尹省三、史忠义、李彦等人前往豫鄂陕边区开展工作，在经过蓝田县东川时，与先期到达并在当地组建武装的刘安华、祝彦平、穆继曾等人会合。他们联络失散的地下武装人员，发动群众，建立了以李福林为队长、祝彦平为指导员、拥有60多人的蓝田游击队，并在漫道村、冯家湾、穆家堰一带开展游击活动。在得知蓝田县当局企图出兵围剿游击队时，汪锋率部抢先出击，先后攻占了灞龙庙、许家庙、厚子镇等地，歼敌近百人，缴枪40多支。随后，游击队撤离东川，在洛南县桃坪砬与豫鄂陕边区的22支队会合。

中共长柞工委活动据点旧址

9月下旬，豫鄂陕边区党委在蓝田县青岗坪成立了中共蓝洛县委，尹省三任书记，王知德、陈德志、萧城任委员。10月2日，蓝洛县人民民主政府在青岗坪成立，王知德任县长。下辖青岗坪、灞龙庙、许家庙、厚子镇、两岔河、洛华等6个区委、区政府。不久，蓝洛县游击大队成立，杨天智任大队长，杨一凡任指导员。游击大队先后进行了灞龙庙、许家庙、厚子镇、石鼓山、流峪岭、牛犊沟等大小战斗40多次，击毙敌人300多名，俘敌700余人，缴获步枪700多支、机枪20多挺、子弹5000多发。同时，蓝洛游击队在为中原部队筹集粮款、救治伤病员等方面做了大量工作。11月间，国民党蓝田县当局出动军警在东山一带“围剿”游击队时，先后将汪锋、穆济曾等人和青峪沟170多户农民群众的500多间房屋烧毁，使数百名群众无家可归，流浪他乡。

1947年1月，国民党反动派以重兵“围剿”蓝洛游击根据地。蓝洛县委为了保存革命实力，将一部分干部和游击队员化整为零，深入到群众中坚持工作，一部分人随蓝洛支队转入外线作

蓝田地下党组织活动据点——巩村小学

户县地下党组织活动据点——辛垦小学

战，蓝洛县政府停止活动。

9月间，在省委的领导下，中共商山蓝边区工作委员会成立，谢华任书记。不久，工委组建了商山蓝游击队，王振任队长，谢华任政委，并在商县、山阳、蓝田、柞水等4县的交界地区开展游击活动。12月初，游击队冒着大雪夜袭焦岱、葛牌、蓝桥、草坪等地的自卫团，打死打伤20多名团丁，缴获30多支长短枪。12月下旬，游击队包围了驻在林岔河北湾村的蓝田县警察局，经过激烈战斗，俘获局长潘靖亚及警员50余人，缴获长短枪50余支，子弹2000多发。同时，游击队还配合中原部队作战30多次，队伍发展到400多人，游击区由杨家斜、林岔河扩展到北至西荆公路、南到柞水红岩寺，西至蓝田葛牌，东到上秦川方圆100多平方公里的区域。

临潼县渭北一带是党的群众基础比较好的地区之一，在交口、栎阳两镇，共产党员和进步人士担任保长的就有21人，掌握着700多人的武装。1947年3月，渭北剿匪司令郝景生与县警察局中队长陈青山，带领50多名保安队员和警察，对栎阳镇义和村进行突然袭击，党的地下武装支部成员王月明、刘万章、杨瑞云壮烈牺牲。不久，中共临潼县工委又在栎阳镇建立了武装工作队，发展党员53人，其他武装人员100多人。同时，共产党员魏新发在马额镇担任镇长后，将共产党员曹进辉等人调入警备班，控制了12个保的武装50多人，使马额成为地下交通线上一个重要的联络点。临潼县的地下武装还经常配合渭北游击队作战，炸桥梁、剪电线，破坏胡宗南部队进攻陕北的作战部署。

1946年11月，中共高陵东南乡支部成立后，控制了文康乡的保甲武装，建立了党的地下武装。当地恶霸地主刘广汉对此仇视万分，向县政府告状说，东南乡有“共匪”活动，县政府随即出动20余名警察进行抓捕。党的地下武装组织起来进行反抗，经过激烈战斗，除一名警察逃跑外，其余全部被缴械。逃回去的警察向县政府报告情况后，县政府又出动一个中队的警察进行反扑，余书娃、刘树勋等人被捕。为了打击反动势力，党组织发动群众，将刘广汉兄弟三人驱逐出了高陵县，并于1949年初，将为虎作伥的刘氏三兄弟秘密处决。东南乡党支部还通过民主进步人士的介绍，策划了北田镇镇长及其保甲武装300余人起义，有力地配合了高陵县的解放。

# 第二十七回

## 控制武装保护群众
## 两面政权大显神通

乡村政权在手中，
合法斗争保群众。
建立武装根据地，
两面政权显神通。

乡村政权在手中，
应付当局保群众。
建立武装根据地，
两面政权显神通。

农民武装革命图

建立两面政权，是国民党统治区党的地下组织，设法使共产党员在乡镇政府中担任重要职务、掌握或控制乡镇武装，以“内红外白”的形式从事革命工作、保护群众的一种策略。

1945年底，中共周至县“刘崇汉”小组成员李崇信，通过统战关系担任了甘河乡自卫队队副。他利用这一公开身份，以各种借口拖欠县自卫队分派给甘河乡征集“壮丁”的指标80多名。同时，他还通过自卫队控制了全乡的农村武装力量，既不暴露党的组织，又保护了党的干部和群众利益。

1945年秋，中共户县工委利用县参议会改选之机，使民主进步人士杨干青、刘印初分别当选为县参议会副议长和省参议会议员。1946年，周、户、长安等地小麦受灾，户县工委发动群众开展“请灾”运动，请求省政府赈济受灾农民。在省参议会议员刘印初的促进下，省政府随即派员视察灾情，并决定从陈欠粮中拨付200石小麦进行赈济。所谓的陈欠粮，是群众历年因灾荒等原因没有缴纳的粮项。省政府的这种作法，实质上是不出一粒粮食的一种骗局。县工委随即发动群众，揭露省政府的拙劣伎俩，拟订《请灾纲领》，由县参议会副议长杨干青和省议员刘印初出面，召集各乡民代表进行表决通过，形成议案提交省政府，最终迫使当局减征户县新粮80%，停征陈欠粮，下拨400石小麦赈济灾民，使历时三个月的“请灾”斗争取得了胜利。

1946年6月，国民党三青团户县干事长郑炳南，为了在学生中发展三青团的力量，经常到户县中学进行反共宣传，并诬蔑、攻击校长李康伯，妄图取而代之，引起了学生的强烈不满，从而暴发了户县中学的学潮。担任县教育科长的共产党员曹希文，与县参议会副议长杨干青等人联合，利用三青团的内部矛盾，向省三青团部和教育厅进行控告，迫使当局将郑炳南撤职调离，既平息了学潮，又为户县党组织开展活动清除了障

康行

碍。

1946年秋，国民党户县保安团在涝峪设立了“剿匪”指挥部，对当地党组织开展活动极为不利。中共户县工委遂利用户县当局的内部矛盾，以县兵役科长、“剿匪”总指挥霍景民有营私贪污问题为借口，使副议长杨干青、保安团副团长李莹出面活动，终使户县当局将其撤职查办，同时推荐共产党员刘庆民担任了“剿匪”总指挥的职务。

10月间，中共户县工委书记康行（赵廷平，石井乡石东村人）的活动引起了当局的注意，户县县长刘禹密令罗什乡乡长王济民、太平乡乡长杨春荣等在沿山一带搜捕。刘禹做梦也没有想到，王济民、杨春荣等正是康行进行活动的保护者，其密令只能是一纸空文。由于党内同志和进步人士的各方掩护，康行在户县工作了一年多时间，从未出现任何危险。不幸的是，1947年11月初，康行到旬邑县马栏镇向中共关中地委汇报工作后，临时到党政干部训练班参加学习。在地委跟随部队转移途中，康行不幸被捕，并于11月6日被敌人活埋在旬邑县城西南角处。之后，县工委工作由曹希文负责。

1947年春，户县渭曲坊小学教师、县工委委员王振林和秦渡镇乡民代表主席、进步人士杨士伟先后被捕，康行、曹希文等工委负责人想方设法积极营救。他们通过保警大队长李冠英、进步人士吕赞襄和杨干青等社会力量，又以吕赞襄夫人陈玉珍出面寻找铺保，终使王、杨二人获释，使党组织和群众免遭损失。

1948年底，户县工委又利用国民党、三青团合并之机，使工委委员曹希文担任了国民党户县党团统一委员会委员，共产党员谭文宽和进步人士杨士伟、王济民等分别担任了国民党区分部书记、乡长等职，为户县党组织开展工作提供了有利条件。

1946年7月，中共蓝田县穆家堰支部书记穆志远经多方活动，当选为许家庙乡副乡长。8月，中共商山蓝工委在林岔河、秦岭口、杨家斜、九间房等十多个乡镇建立了两面政权，乡镇长多由共产党员或进步人士担任，在表面应付国民党当局的同时，为游击队筹粮筹款，购买武器弹药，搜集、传递情报，为鄂豫陕根据地的巩固和发展做了大量工作。

1946年下半年，在长安县党组织的安排下，共产党员康建国、史景华、白常春等分别担任了黄良、

长安县二里村
党支部活动据点旧址

王曲、五楼等乡镇自卫大队副大队长，控制了这一带的乡村武装力量。1949年春，长安东南乡党支部负责人白崇信担任了狄寨乡乡长，掌握了该乡的保安武装；他又争取了狄寨警察所长王文博的转变，使30多名武装警察也成为党组织掌握下的革命力量。党组织又安排共产党员程万杰担任了曹堡乡乡长，建立了由其亲自掌握的乡自卫队。长安县西区的党组织安排共产党员于黄信、曹纯生、王志孝等，分别担任了沣西乡第三保和第五保的副保长、文书、户籍员等职务，为开展党的工作提供了安全可靠的政治环境。这些两面政权的建立，在迎接长安、西安解放的过程中，发挥了重要作用。

# 第二十八回 建立白区红色交通 护送首长安全过境

红色地下交通线，
连结陕北与陕南。
群众基础是根本，
武装保护要安全。

红色地下交通线，
连结陕北与陕南。
群众基础是根本，
武装保护更安全。

渭河上的渡船

1935年10月，中共中央率红一方面军经过二万五千里长征胜利到达陕北，蒋介石置中华民族危亡于不顾，调集重兵进攻和封锁陕北苏区，妄图一举消灭中国共产党及其领导下的人民军队。中共中央为了打破国民党的严密封锁，沟通与国民党统治区的联系，要求陕西省委在关中开辟地下交通线。12月，中共渭北工委根据省委指示，先后在临潼、渭南、蓝田、西安、高陵、三原、耀县等地，建立了60多处地下交通联络站，形成了以临潼县栎阳镇为中心，辐射西安、商洛、淳化、渭南、蒲城等地，贯穿关中腹地，连接陕北、陕南，纵横交错，绵延300余里的地下交通线。

1936年1月，刘少奇在关中特委贾拓夫、张德生和渭北工委谈国帆的陪同下，从延安南下关中，准备乘火车前往天津北方局开展工作。2月18日拂晓，刘少奇一行到达临潼县栎阳镇，在谈国帆的联系下，栎阳镇党组织负责人唐玉怀，将刘少奇安排在民主进步人士并且拥有武装家丁的杨宜翰家中住宿。当晚，刘少奇看望了正在患病的杨宜翰，介绍了红军长征经过和到达陕北的情况，使其深受感动。第二天，杨宜翰特意请来一位厨师，设宴款待刘少奇一行。为了表示谢意，刘少奇将自己来时骑的马送给了杨宜翰。第三天吃过早饭，刘少奇乘坐马车，在地下武装的护送下，从南屯渡口过渭河，到达新丰镇后乘上了东去的列车。到达天津后，刘少奇写信给唐玉怀，深情地问候杨宜翰和栎阳镇党组织的同志，热情称赞临潼党组织的工作卓有成效。

刘少奇

1946年7月15日，根据中共中央决定，陕西省工委书记汪锋带领胡达明、王知德、张兴财等人从旬邑县马栏镇出发，前往豫鄂陕边区开展工作。他们在交通员的护送下，一路扮作国民党官员于7月17日到达富平县美原镇。在要求镇公所派马车时，因给车夫多付了几块钱而引起民团的怀疑。汪锋乘民团犹豫之机，和随行人员迅速离开，赶到约定接头的到贤镇。在到贤镇没有和接应人员

汪 锋

接上头后，遂转赴临潼县阎良镇。7月18日，他们分为两路从阎良出发，汪锋、王知德、李彦一行到清河西的老仵小学与当地党组织的尹省三、仵步淮接头；胡达明、张兴财、史忠义一行到清河东的秦庄小学与共产党员李复兴联系。当汪锋等人与仵步淮取得联系后，仵步淮随即派人将他们接到自己家中，准备食宿，并安排地下武装人员做好安全保卫工作。胡达明一行三人到达秦庄小学后，因保公所驻在校内，保安队员便上前盘问。李复兴及时赶到，随即对保安队员说：“他们是前线派来要粮草的，你最好不要招惹。”保安队员说：“要粮草，到村里找甲长去。”李复兴乘机将胡达明等人带离学校去找甲长，甲长听说是前线下来要粮草的官差，赶紧将他们接到自己家里安排食宿。王知德在得知胡达明等人的情况后，感觉住在甲长家里不安全，于是派人将他们接到聂家庄的自己家里，并让长兄王殿英做好安全防范工作。第二天，临潼县工委书记尹省三亲自护送汪锋一行。由于当时胡宗南为了阻断陕北与陕南的交通往来，已经派兵驻守在渭河的各个渡口。于是尹省三带领汪锋等人来到胡家窑，请自己的亲戚胡德胜摇船摆渡。7月21日拂晓，汪锋一行6人从一个偏僻的渡口安全渡过渭河，于当天到达马额镇。该镇镇长、共产党员魏新发安排警备班长、共产党员曹进辉带人将他们护送到蓝田县境，进入秦岭山区。9月18日，汪锋与随行人员在蓝田党组织的护送下，进入豫鄂陕边区。

李先念

9月11日，中原军区司令员李先念、军区副政委任质斌、参谋萧健章，在临潼县工委书记尹省三、交通员任民的陪同下，在豫鄂陕边区党委书记汪锋、陕南军区司令员夏世厚和一个连的兵力护送下，从丹凤县庾家河出发，到达蓝田县灞龙庙青岗坪芋子沟。第二天，由东川党组织负责人穆继曾带路，到达厚子镇青山谷上场，汪锋、夏世厚率部队返回。李先念等化装成国民党军官继续前行，于当晚到达渭南县南坡村交通站刘正印家休息，次日由刘正印护送至临潼县新丰镇皂安村尹省三的舅父家中，又连夜赶到南杨村尹省三家。第二天深夜，尹省三找来亲戚胡德胜，将李先念一行从胡家窑用船渡过渭河，到达栎阳镇北15里的北聚合村，安排在可靠群众李春发的家中。由于旅途劳顿，李先念胃病复发，一时难以继续北上。经请示中央同意后，暂时留下来进行治疗。由于这里的党组织健全，武装力量强，群众基础好。于是尹省三安排人请来当地老中医为李

郑位三

先念诊治，栎阳党组织负责人朗瑞亭带领武装人员日夜在村子周围站岗放哨，甚至派人化装成在田间干活的老农、走街串巷的小商小贩，暗中保护李先念一行的安全。尹省三、朗瑞亭又找到栎阳镇镇长魏景元，说有几个朋友要在北聚合村住几天，请其照应。魏景元系统战对象，其手下好几个人都是共产党员，对尹省三、朗瑞亭的要求慨然应允。几天后，几个国民党特务到栎阳镇进行窥探，被地下武装人员以"共军密探"的名义抓到镇公所，镇长魏景元警告他们说，以后不要再到这里乱窜，以免发生误会。经过半个多月的调治，李先念病情好转，随即派任质斌、萧健章在尹志连的保护下探察北上路线。10月17日，尹省三、朗瑞亭雇来两匹骡子为李先念等人代步，并护送到富平县洪水头。10月21日，中共中央电告豫鄂陕军区司令员文建武和边区党委书记汪锋说："李、任已安全到达关中（关中地委所在地马栏镇），请释念。"

10月上旬，中原局代理书记郑位三携夫人蒲云和孩子共三人，在商县党组织和地下武装护送下，从黑龙口乘汽车到达西安东郊灞桥镇官厅村，准备转赴延安。共产党员张一平先将其一家三口接到自己家里暂住，后将郑位三转移到离灞桥镇较远的黄桑圃村，住在共产党员华心诚的家里；把蒲云和孩子转移到康家堡地下交通员陈平家里。此时郑位三胃病严重，华心诚等人便请来当地医生邵乾勋为其把脉诊治。经过十多天的服药调养，郑位三病情好转后，中共陕西省工委派交通员李对章来接应北上。为了确保路途安全，华心诚让其任保长的堂兄华心田开具了路条，陈平从38军军长孔从洲家里借来马拉轿车，并找来一位带着孩子的妇女，和郑位三一家扮成走亲戚的样子同车北上。华心诚的堂兄华心武赶车，地下武装人员苏振和、张弓等暗中护送。郑位三临行前对陈平说：没想到在白色恐怖之下，在离西安这么近的地方，有这么好的党组织和这么安全的地方，真是难得；希望你们要谨慎，工作范围不要过大。



11月下旬，中原局组织部长陈少敏从豫鄂陕边区北上延安，在边区部队的护送下，到达蓝田县厚子镇古道村，蓝田党组织派出交通员张林森在此接应。随后，陈少敏装扮成乡村医生，骑着毛驴，在张林森的护卫下，连夜赶往渭南。到达梁头盖时，遇到几个保丁盘查，张林森谎称孩子病重，才从许家庙请来大夫，蒙混过关。黎明时分到达渭

陈少敏

南大王乡刘财沟张林森家中。天亮后，突然下起大雨，且秋雨绵绵，一下就是十多天，道路泥泞，陈少敏只好滞留在张林森家里。天放晴后，张林森派罗振宏将陈少敏护送到了临潼县中正中学联络站。在该校教师、共产党员张一平的安排下，陈少敏住在当地医生崔明珍的诊所里。共产党员崔明珍以医生职业为掩护，又在党组织的安排下加入了国民党和青洪帮，与军、政、警、特等人员以及地方士绅多有交往，对保障陈少敏的安全十分有利。数天之后，省委交通员李对章将陈少敏护送到耀县，再由武工队护送到旬邑马栏镇，并于12月中旬护送到了延安。陈少敏离开临潼时，将节省下来的3两黄金交给了当地党组织的负责人魏义才，嘱托他到西安买些药品送给陕南部队。魏义才到西安购买了药品，尹省三将这些药品设法送到了陕南根据地。

此外，河南省委书记戴季英，地方干部秋宏、赵世英，国民党起义部队128师师长王步理等，以及1000多名青年学生，也都先后经过这条交通线到了陕甘宁边区；一些急需的物资、书籍等，也通过这条交通线到达陕北、陕南，解了燃眉之急。由于这里党组织的工作卓有成效，保证了护送路线畅通无阻，被誉为红色地下交通线。

# 第二十九回

## 身入虎穴搜集情报
## 知己知彼稳操胜算

蒋家王朝不久长，
垂死挣扎实猖狂。
共产党人有胆气，
身入虎穴斗豺狼。

蒋家王朝不久长，
垂死挣扎更凶狂。
共产党人有胆气，
身入虎穴斗豺狼。

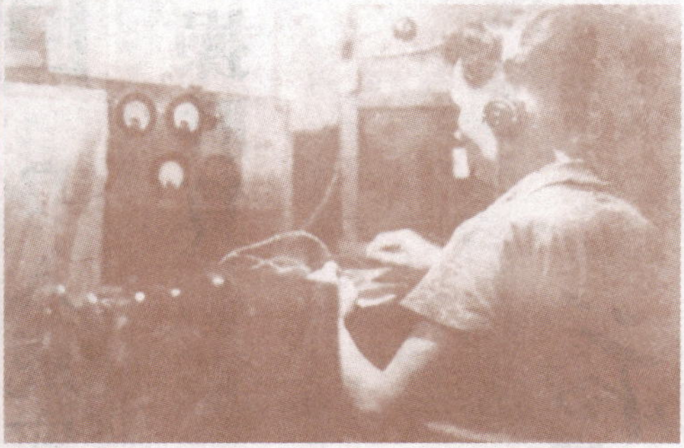
设在西安"八办"的秘密电台

经过八年抗战，中国共产党及其领导下的军队已经发展壮大起来，对蒋介石军事政治集团的独裁统治构成了极大的威胁。因此，抗战胜利后，蒋介石单方撕毁重庆谈判所达成的停战协定，在美国帝国主义的支持下，向解放区发动了全面进攻。在敌强我弱的态势下，为了掌握敌方的军事意图和动向，有效地避免损失、打击敌人，党在敌后开辟了第二条战线——隐蔽战线上的情报工作。

1945年11月，经中共中央批准，以打入国民党政治、军事要害部门的情报人员为骨干，组建了西安情报处（简称西情处），共产党员王超北、李茂堂分别担任处长、副处长，直属中共中央社会部领导。为了能把情报及时地发出，西情处将电台先后秘密地建立在西北行营主任熊斌止园住所的后花园、省电政管理局、中统特务陕西调查室主任李犹龙的后院等处。共向中央发报1900多份，收到中央指示电文500多份；开辟了西安通往陕甘宁边区、重庆等地的三条地下交通线，在西安莲湖公园内建立了秘密交通联络站——奇园茶社。

王超北还筹集资金，买下了大莲花池街7号院，以挖防空洞的名义，在大莲花池街7号院、王家巷24号和甲字24号、25号院的地下，修建了距离地面5.7米深，具有防水、防毒、通风、人员转移等多种功能的西安情报处地下秘密工作室。从建成到西安解放的六年中，国民党军、警、宪、特虽然多次怀疑、侦察，但却始终未能发现。

1947年2月，胡宗南召集由国民党陕西省党部主任委员谷正鼎、省政府主席祝绍周、西安市长王友直、三青团陕西干事长杨尔瑛、保安司令周体仁、军统西安调查室主任文强、中统西安调查室主任李犹龙和副主任李茂堂等人组成的党、政、军、警、宪、特联席会议。会后，李茂堂将会议记录交给了西安情报处报送中央，使中央及时掌握了胡宗南军事集团的动向。

同年8月，西北野战军为策应晋冀鲁豫

部队挺进中原，发动了榆林战役。蒋介石闻讯飞抵延安，召开紧急将领会议，进行军事部署。会议刚一结束，西情处和西安军事情报组就得到了会议内容，并同时电告中央说："我军攻榆林，蒋闻讯大为震惊，于8月7日飞抵延安，命令胡宗南率部北上，并令36师师长钟松率123旅、165旅组成快速兵团，轻装疾进，驰援榆林。"中央得到情报后，命令西北野战军从榆林撤围，将主力集中到米脂县沙家店地区，伏击增援榆林之敌。胡宗南把西北野战军主动撤离，误认为是逃跑，遂以7个旅的兵力分头向佳县方向急进，打算在米脂、佳县之间合围解放军。

中共中央社会部西安情报处部分人员合影

8月19日，西北野战军在沙家店将钟松部包围，经过一天激战，取得了歼敌6000余人的重大胜利。这一胜利，成为西北野战军由内线防御转入内线反攻的转折点。战斗结束当天，中共中央就分别给西安情报处和西安军事情报组发来嘉奖电报。

受周恩来委派打入国民党内部，任胡宗南机要秘书的熊向晖

1948年2月，在西北野战军发动瓦子街战役前夕，中央多次向西安情报处询问胡宗南在宜、瓦一带的兵力部署和作战计划，而这份绝密文件保存在国民党西安绥靖公署的保险柜里。打入国民党第七补给区经理处的共产党员蔡茂林，以核实部队配发夏季衣服为借口，通过“朋友”借来这份文件，连夜复制了部署在陕北的董钊第一军、刘勘整编第29军的人员编制、兵力配置、武器装备、各级主官姓名等，于宜瓦战役发起的前一天送到中央。使这次战役取得了全歼整编29军军部、两个整编师和5个旅共计3万余人的胜利。同时攻克宜川县城，粉碎了国民党军队对陕甘宁边区的重点进攻，西北野战军也由内线反攻转入外线作战。

在此以后，西北野战军相继发动了西府、澄合、荔北等战役。为了配合西北野战军作战，西安情报处通过各种途径积极搜集情报，及时报送中央，对取得这些战役的胜利发挥了重要作用。中共中央多次在电报中称赞：“最近你处所来军情颇有价值”，“对西北我军帮助很大，望继续努力”。

由于解放战争胜利发展，蒋家王朝摇摇欲坠。8月，蒋介石在南京召开秘密军事会议，有缩小战线、“撤退东北、确保华中”

的意图，但还举棋不定。中共中央要求西安情报处设法弄清南京军事会议内容，以便制订战略决战的决策。西安情报处接受这一任务后，经过多方努力，终将会议情况搞清，并及时报送中央。

打入中统特务机关的李茂堂，利用中统局陕西调查统计室二科科长王克平与统计室主任向离之间的矛盾，帮助王克平取代了向离的职位。因此，王克平对李茂堂十分感激，常把一些机密文件拿给李茂堂看，还把一部电台交给李茂堂使用。西安解放前夕，王克平将中统特务在西安的潜伏计划，连同全部特工人员的5000多份卡片交给了西安党组织，为西安解放后的肃匪清特工作，提供了重要依据。



此外，莲湖公园的奇园茶社经理、共产党员梅永和，一次偶然机会，从一群正在喝茶的特务谈话中听到，他们要对工商报的总编和主笔耿坚白、李子健下毒手，遂设法迅速通知他们二人转移，从而保护了民主进步人士。中统局调查室副主任、共产党员李茂堂，多次对被捕的党的地下工作人员亲自过问，并以证据不足、另案处理等为由予以释放或转移，并把特务们实施苦肉计——装扮成政治犯到牢房中进行侦察、探听的行动，及时通知有关人员予以防范。

身在虎穴，随时都有受伤害、掉脑袋的危险。1947年秋，设立在晋陕豫盐务总局的秘密电台，在发报时被国民党特务查获，共产党员胡兆家、梅永和先后被捕。他们在狱中历尽酷刑，备受折磨，但却始终坚贞不屈。不久，胡兆家惨遭杀害，梅永和因证据不足、伤势严重等原因，被党组织保外就医。后因伤势过重，医治无效，于1949年6月16日病逝。

解放战争时期，西安军事情报组负责人、市工委委员崔一民

**梅永和** （1905—1949）化名杨效实，西安鱼化寨人，小学毕业后做小生意。西安解围后弃商从军，做了吉鸿昌的护兵，并秘密加入共产党。1933年吉鸿昌的抗日同盟军失败后，卫队解散，他与党组织失掉联系，回到家乡重新经商。在经商过程中，与以经商为掩护的共产党员杨子实来往密切，并接受了杨子实的安排，以赶马车做生意为名，来往西安与延安之间，从事党的地下交通工作。抗战爆发后，梅永和在王超北领导的西安情报处做交通工作。后经王超北夫人李天筠介绍，梅永和与杨子实遗孀、李天筠之妹李雪吟结为夫妻。1942年12月，经王超北、李天筠介绍，梅永和重新入党，又回到了党

吴伯畅

杨荫东与夫人
王秋月1948年合影

组织的怀抱。

与此同时，中共陕西省工委按照周恩来的指示，于1946年下半年建立了西安军事情报组，先后由蒙定军、崔一民负责。国民党西北行营少校参谋、共产党员杨荫东按照党组织的指示，利用关系调入西安绥靖公署补给第七区司令部，任办公室少校参谋，并参加了西安军事情报组的工作。

杨荫东为了便于获取军事战略情报，设计了“兵力配制补给表”，按照序列将步兵团以上、特种兵营以上的主官姓名、部队驻地、军械装备、补给情况等列表登记，一式两份。遇有情况随时加以注明，并及时交给联络员刘雪琴，再由军事情报组报送中央。

1947年春，国民党反动派对陕甘宁边区发动了重点进攻。3月1日，补给区司令召开紧急会议，传达胡宗南进攻延安的作战方案，预定3月10日发起总攻。由于美国军事观察组尚未离开延安，胡宗南又把进攻的时间推迟到13日。对于总攻延安日期的变化，军事情报组将情况于3日和7日两次报告中央。3月10日晚，胡宗南在洛川召开战前军事会议，组建前线指挥所。第二天，军事情报组就把胡宗南战前会议的内容传送到了延安。3月18日，毛泽东率领中共中央从容不迫地主动撤离延安。19日，胡宗南部进入延安，得到的只是一座空城。毛泽东率领中共中央转战陕北期间，军事情报组及时准确地向中央提供情报，使胡宗南部队像瞎子一样，因始终找不到中共中央及其部队的踪影而疲于奔命。

胡宗南占领延安后，拟订了新的作战方案。西安补给区于4月20日召开会议，传达了胡宗南新的作战计划。当晚，杨荫东就将这一情况告知联络员。西北野战军前委及时得到这一情报后，于5月2日发动蟠龙战役，并取得了重大胜利，全歼敌167旅6700余人，旅长李昆岗被俘；缴获面粉1万多袋、夏装4万套、骡马千余匹，以及大批武器、弹药、医药等。战斗结束后，西北野战军前

吕出情报小组部分成员

委高度赞扬西安军事情报组："及时准确地提供了胡宗南部队的部署行动，对我军打胜这一仗有很大贡献"。

5月下旬，胡宗南以8个旅的兵力，经安塞向保安、吴旗扫荡，对陕甘宁边区实行战略"清剿"。胡宗南的这一军事行动，关系西北战场的全局，关系到中共中央的安全，杨荫东遂将这一情况亲自向崔一民作了报告。中央得到这个情报后运筹帷幄，毛泽东带领中央机关，牵着胡宗南部队的"牛鼻子"，在靖边以南的深沟高壑间转悠了9天9夜，使西北野战军取得了青化砭、羊马河等战役的重大胜利，为使西北野战军从战略防御转为战略进攻创造了前提条件。

1948年6月下旬，蒋介石亲临西安召开军事会议，决定在西北采取"机动防御、确保关中"的作战方针，对兵力部署进行了调整。会后，西安军事情报组立即将这个情报发送中央，为中央制定在西北战场上的战略决策提供了重要依据。

在1947年到1949年两年多的艰苦岁月里，西安情报处和西安军事情报组的情报人员，在敌人的巢穴之中，在刀光剑影之下，冒着时刻都有牺牲可能的危险，出色地完成了各项艰巨复杂的任务，为保卫党中央和解放大西北做出了卓越贡献，是值得我们永远纪念的。

# 第三十回

## 蒋家王朝土崩瓦解
## 古城人民喜迎解放

蒋家王朝氣將絕，
恰似落葉遇秋風。
西北戰場傳捷報，
古城人民得新生。

蒋家王朝气将终，
枯草落叶遇秋风。
西北战场传捷报，
古城人民得新生。

西安大华纱厂工人欢迎解放军

1948年秋，解放战争的西北主战场，已经从陕北的解放区推进到关中的国民党统治区。盘踞西安的胡宗南，一面调动保安自卫武装设法阻止解放军南下西进，一面企图将一些学校、工厂迁往四川广元，并计划在撤离时对西安的重要设施进行大破坏。

11月初，韩夏存、崔一民、朱子彤等西安党组织负责人在庙后街郭签士巷的崔一民家里召开会议，根据关中地委“动员全党进行城市工作，配合解放大西北”的指示精神，决定发展党团组织，壮大力量；开展反对迁厂、迁校，护厂、护校、护局斗争，防止敌人破坏；策动保安团、民众自卫队、西安团管区等武装组织发动起义，保护人民利益和生命财产安全，迎接西安解放。

韩夏存

1949年初，共产党员张光庭、张效儒将

新华社播发的《将革命进行到底》《宣布战犯的声明》等中央文告记录下来，进行印刷，向国民党要人邮寄，向社会广为散发，起到了鼓舞人民、震慑反动派的作用。但也暴露了同志。张光庭、白靖中、张延龄、王建华等7名党团员因此被捕后遇难。

5月初，西安市工委根据关中地委指示，要求各学校、工厂、单位的党组织发动群众，特别要加强对大学、铁路、邮电、发电、粮食、仓库等要害部门的重点保护，组织人员日夜防守。

5月20日上午，市工委委员崔一民给西安团管区司令王子伟送来一匹红布，王子伟令士兵撕成布条绑在臂上作为起义标志，并将部队分派到邮电局、省医院、田粮处、军需处等地，担任守卫任务。民众自卫总队副总队长（总队长为西安市长王友直兼任）闵继骞根据市工委的指示，派出自卫队对国民党省市政府和所有的工厂、仓库、银行进行保护，并组织巡逻队、岗哨日夜巡逻守卫，严防特务破坏。

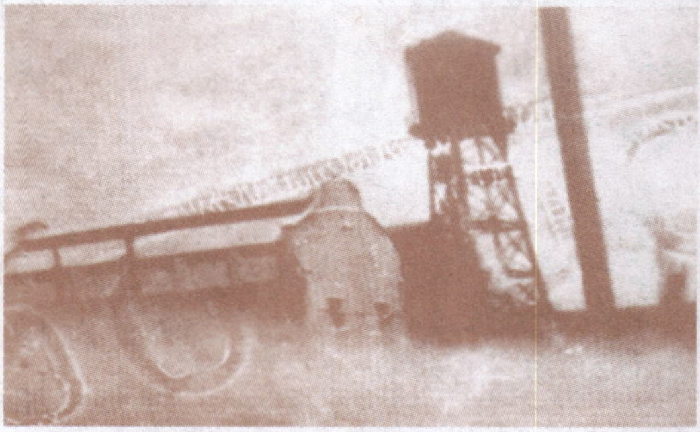
西安解放时被保护下来的大华纱厂和电厂

西安邮政局党小组

长姚益宽，说服局长停驶了全部6台邮运汽车，改用马车邮运。党员梅永祥和司机、修理工把汽车的主要部件拆下，埋藏在后院的草丛中。5月中旬，邮局党小组发动党团员成立了巡逻队，对邮局设备、财产、档案严加保护。西安电信局共产党员李德林、张瑞兰、胡应瑞等，以职工会的名义与局方协商，成立应变委员会，组建护局纠察队，保全机器设备和财产。西北大学党组织发动全校师生，在反迁校的同时，组织护校团保护校舍校产。

1949年2月，经过整编后的解放军第一野战军，根据中央指示，发动了春季战役，连克铜川、耀县、蒲城、富平等地，歼敌6900余人，迫使胡宗南收缩兵力，撤到泾河、渭河一线。

4月21日，毛泽东、朱德发布向全国进军的命令，要求解放军坚决、彻底、干净、全部歼灭一切敢于抵抗的国民党反动派，解放全中国。4月25日，中央军委将18和19兵团编入第一野战军，加强了解放大西北的军事力量。

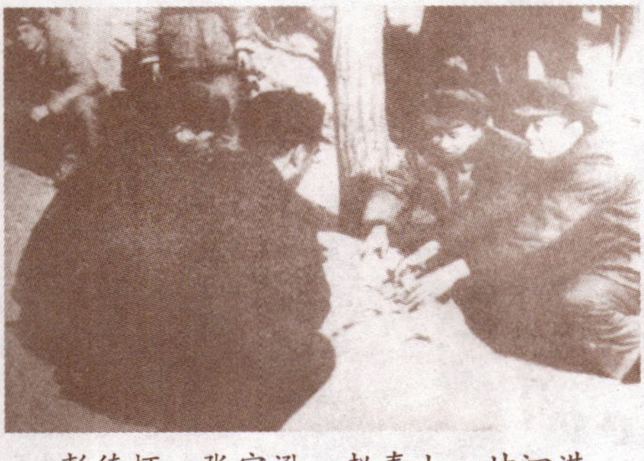

彭德怀、张宗逊、赵寿山、甘泗淇在研究作战方案

第一野战军司令员彭德怀向部队发布解放大西北的命令

5月13日，第一野战军第二军侦察支队进入高陵县，炸毁县城北门，攻克县城，解放了高陵，把胡宗南的渭北弧形防线撕开一道缺口，为解放军横渡渭河南下创造了有利条件。

5月15日，第一野战军副司令员张宗逊、赵寿山命令部队从澄城南下，向三原、泾阳、高陵一带开进。17日，一野第六军挺进西安，侦察部队配合第二军先遣团，在咸阳一带消灭了胡宗南部的159团和骑兵第二旅第四团的一部，咸阳敌军撤退到渭河南岸防守。

5月18日，胡宗南得悉解放军已经到达渭河北岸，遂与国民党陕西省主席董钊，胁

迫西安市长王友直乘飞机飞往汉中，并令西安警备司令杨德亮率部留守，令警察局长萧炤文将1000多名警察与城市清洁大队合编为“火焰别动队”，炸毁西京电厂、大华纱厂和各处桥梁，破坏公共设施，突击捕杀共产党人和革命群众。

5月19日下午，第六军各部先后到达咸阳集结，准备强渡渭河，进攻西安。

渭河是西安北面的天然屏障，胡宗南在渭河南岸筑碉堡、修工事，炸毁大桥，毁坏渡船，部署新的防线，阻止解放军南下。第六军军长罗元发带领师团干部到渭河岸边实地查看后决定：第17师50团从正面主攻，48团在大桥以东为左翼，第16师47团在大桥以西为右翼，20日拂晓同时涉水强渡，消灭南岸守敌，掩护全军渡河。当晚，担任强渡的各团找来当地水手引路，嘴噙芦苇秆，下水探察渡河路线，为强渡渭河做好准备。

第一野战军六军某部在抢渡渭河

5月20日拂晓，在密集的炮火掩护下，先头部队强行渡过渭河，消灭南岸敌军一个团又一个营，掩护第六军全线强渡成功。当

解放军进攻西安北门

日上午11时，第16师49团到达西安西门，由于王子伟的团管区和闵继骞的民众自卫队已经起义，遂顺利进入城内，搜索前进。46团配合48团攻占了西郊飞机场后，向南门挺进。

第17师50团攻下三桥火车站后，共产党员李瑞五带领三桥车辆厂工人李平章等，前来迎接，并告知团长说："西安来电话说，敌军主力已逃，城内只留下工兵营正在搞破坏，现在要火速占领西安，抢救人民财产。"随即开动火车，载着50团的指战员直驰西安。中途，在火烧壁消灭了一小股敌军后，迅速占领了北门、火车站，与49团在钟楼会合。

5月20日早晨，设在西华门省立医院的中共西安市委迎接西安解放指挥部紧张地忙碌着。当电信局的共产党员胡应瑞，把监听到解放军进入西安城的消息用电话传来时，便立即派人走上街头迎接。

国民党西安警备司令杨德亮和警察局长萧炤文，本想负隅顽抗，发觉团管区和民众自卫队情况有变后，遂于解放军进城之前，

解放军先头部队进入西安城

率部仓皇逃出南门，从子午口窜入秦岭山区南逃。

第六军占领西安后，随即分兵向南追击逃向秦岭方向的国民党第17军残部，向北占领草滩镇。到下午4时，解放军已经全部控制了西安，先后歼敌暂编第二旅大部、48师和12师各一部，共计2000余人。同时派兵分头赶往机关、学校、工厂、仓库等重要单位，拆除了大量的雷管和炸药，保卫了人民的生命财产安全。

解放军第六军举行入城仪式

当日下午，解放军48团接管了设在长安王曲的国民党中央军校第七分校，在小峪口收编了长安县保安团，解放了长安县境。同日，解放军渭北纵队二支队进入临潼县城，临潼解放。21日，第六军侦察科长王正臣率领两个侦察连抵达户县大王镇，接收了该镇武装。中共户县工委和游击队进入县城，户县解放。25日，第16师48团进入蓝田，县自卫团长李震率部起义，蓝田和平解放。30日，一野第二军第六师进驻周至县城，周至和平解放。在解放西安战斗中，解放军俘虏国民党官兵1274人，缴获各类枪支1973支、火炮51门、弹药174万余发以及大量物资。

5月21日，第六军指战员在西安举行了隆重的入城仪式，各界群众数十万人涌上街头，箪食壶浆，竞相欢迎，庆祝古城的新生。

5月24日，西安市军事管制委员会成立，贺龙任军管会主任，贾拓夫、赵寿山、甘泗淇为副主任，杨明轩、张稼夫、张经武、赵伯平、陈希云、陈仰山、方仲如、李敷仁为委员。军管会为西安军管时期的最高权力机关，负责对全市所有机关、学校、银行、工厂、仓库等部门进行接收、接管。

西安市军事管制委员会主要成员合影

5月25日，西安市人民政府宣布成立，贾拓夫任市长，方仲如任第一副市长，张锋伯任第二副市长。朱茂青任秘书处主任，丁志明任民政局长，李廷弼任建设局长，余震任财政局长，吕阳炬任工商局长，高益任税务局长，屈志统任劳动局长，张映吾任教育局长，张归仁任卫生局长，陈仰山任公安局长，申亚钢任公共房产管理处副处长，解维俊任少数民族事务处处长。

西安市人民政府成员合影

5月26日，中共西安市委在西安召开第一次会议，宣布贾拓夫为市委书记，赵伯平为副书记，张经武、方仲如、董学源、屈志统为常委，柯华、陈元方、何承华、李甫山、朱子彤、韩夏存、曹冠群（女）、崔一民、李宗林为委员。董学源任组织部部长，柯华任宣传部部长、陈元方任副部长，赵伯平兼任统战部部长、崔一民任副部长，李甫山任社会部部长、王超北、吴伯畅任副部长，朱子彤任职工委书记、李宗林任副书记，韩夏存任青工委书记，曹冠群任妇工委书记。会议要求各级党组织和党员，发动群众，维护社会的稳定，严防不拿枪的敌人；尽快恢复生产、交通，组织群众支前；宣传党的各项政策，粉碎各种谣言；发展党组织，壮大党的力量。

中共西安市委、市人民政府成立后，带领全市人民，恢复生产，医治战争创伤；发展生产，支援前线；肃特清匪，维护社会秩序；禁毒禁赌、取缔娼妓，清除社会毒瘤；平抑物价、稳定金融，保障群众生活。在中国共产党的领导下，西安这座古老的城市焕发出了前所未有的生机与活力，昂首阔步地迈向更加灿烂美好的明天。

中共西安市委第一次会议合影

# 后　记

《中国共产党西安史话》是中共西安市委党史研究室，为了配合开展党史宣传教育的“六进”工作而编写出版的。本书采用了章回体的手法，是在党史宣传教育方式方面不断创新的一个尝试。全书分为30回，并采用了200余幅珍贵的历史图片，其中部分图片还是首次与读者见面的。可以说，该书是继《中国共产党西安历史》之后，又一难得的而且是图文并茂、简明扼要、通俗易懂的党史读本。但由于缺乏经验，加之水平有限，不足之处，敬请批评指正。

该书书稿，由中共西安市委党史研究室审稿委员会审定。审稿委员会成员为：靳秀珍、刘义鹏、王延年、张帜、刘德海、龚建、周俊海、谢宋诗、吴群、赵明亮。

2009年4月